조선 후기부터 대한제국 성립까지
한국사편지
4

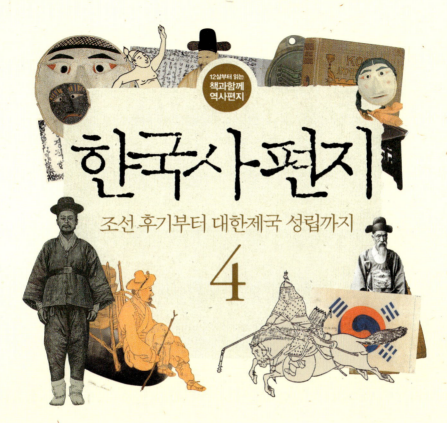

12살부터 읽는
책과함께
역사편지

한국사 편지

조선 후기부터 대한제국 성립까지

4

박은봉 지음

책과함께 어린이

머리말

변화의 시대를 맞은 조선

세운이와 함께 시작한 한국사 여행이 어느새 중반을 넘어서고 있구나. 지금까지 우리는 까마득하게 먼 원시 시대에서 출발하여 삼국 시대와 고려 시대를 둘러보고, 조선 시대의 절반에 해당하는 17세기까지 살펴보았어. 그동안 엄마와 나눈 수많은 이야기들이 지루하고 어렵기만 하진 않았는지 모르겠다. 혹시 그렇더라도 너무 실망하지 말길 바란다. 그건 네가 머리가 나빠서 이해를 못하거나 역사 공부에 소질이 없어서가 아니라, 잘 모르는 낯선 얘기들이 많고 엄마의 얘기 방식이 서투른 탓이었을 거야. 이해가 안 되는 부분이 있으면 다시 한 번 책을 꼼꼼히 읽어 보렴. 그런 다음에 엄마와 또 얘기 나누자꾸나.

《한국사 편지 4》에서는 5백 년 동안 계속된 조선 시대 역사 중 나머지 절반인 18세기부터 19세기까지를 살펴보기로 하자. 엄마 생각에, 이 시기의 역사에서 가장 눈에 띄는 특징은 '변화'가 아닐까 싶다. 정치, 경제, 사회, 문화 등 여러 방면에서 꿈틀꿈틀 용틀임하듯 움직이는 변화들을 매우 강렬하게 느낄 수가 있거든. 농업과 상업에서 일어나는 변화, 역사의 주인공이 되어 활발한 움

직임을 보이는 백성들, 새롭게 등장하는 사상과 종교, 그리고 외국에서 들어온 낯설고도 신기한 문화……. 그 여러 변화들을 열네 통의 편지에 담아 놓았으니 세운이도 생생하게 느껴 보기 바란다.

이 시기는 우리 역사뿐 아니라 세계사에서도 커다란 변화의 시기였어. 이 시기는 오늘날의 현대 사회를 낳은 어머니라고 할 수 있단다. 오늘날 현대 사회가 갖고 있는 여러 가지 특징들이 거의 다 이때 만들어졌기 때문이야. 자본주의가 발달하고, 신분 제도가 없어지고, 시민이 주인이 된 시민 사회가 뿌리 내린 것이 모두 이때였어. 학자들은 이 시기를 가리켜 '근대'라고 부른단다.

그러나 뭐니 뭐니 해도 이 시기 세계사에서 가장 두드러진 변화는 서양 강대국들이 동양에 나타나 동양을 지배하기 시작했다는 점이야. 동양에서 살고 있는 우리에게 이 점은 매우 중요해. 우리 역사가 서양과 직접 맞닥뜨린 것도 바로 이때인데, 조선 시대의 끝부분에 해당하는 이때를 특히 개화기라고 부르기도 한단다. 서양과 맞닥뜨린 우리 역사는 예전과는 전혀 다른 모습으로 변하게 되었어.

자, 그럼 '변화의 시대를 맞은 조선'의 첫 장을 열어 보자.

2003년 가을
엄마가

차례

정조와 화성 신도시 건설 ········· 008
조선의 무예를 다시 세우다 _ 024

실학자들의 꿈 ········· 026
"재물은 백성의 피와 땀에서 나오는 것" _ 042

변화하는 농촌과 시장 ········· 044
어의가 쓴 요리책 《산가요록》 _ 060

피어나는 서민 문화 ········· 062
시 쓰는 노비, 이단전 _ 078

조선 시대 부부의 사랑과 결혼 ········· 080
강정일당과 윤광연 부부의 사랑 _ 096

김정호와 《대동여지도》 ········· 098
조상들이 만든 여러 가지 지도 _ 114

일어서는 농민들 ········· 116
홍경래와 정주성 싸움 _ 130

서학과 동학 ········· 132
왕실의 후원을 받은 개신교 _ 148

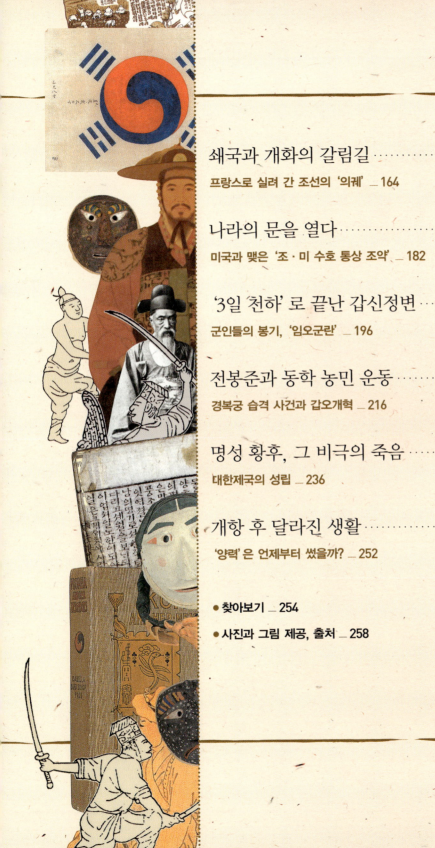

쇄국과 개화의 갈림길 ················ 150
프랑스로 실려 간 조선의 '의궤' _ 164

나라의 문을 열다 ················ 166
미국과 맺은 '조·미 수호 통상 조약' _ 182

'3일 천하'로 끝난 갑신정변 ················ 184
군인들의 봉기, '임오군란' _ 196

전봉준과 동학 농민 운동 ················ 198
경복궁 습격 사건과 갑오개혁 _ 216

명성 황후, 그 비극의 죽음 ················ 218
대한제국의 성립 _ 236

개항 후 달라진 생활 ················ 238
'양력'은 언제부터 썼을까? _ 252

- 찾아보기 _ 254
- 사진과 그림 제공, 출처 _ 258

정조와 화성 신도시 건설

1776년

정조는 아버지를 죽음에 이르게 한 당쟁을 뿌리 뽑은 다음, 하늘 높이 솟아올라 수많은 강과 냇물을 고루 비춰 주는 밝은 달처럼 절대적이면서도 공평무사한 정치를 펴서 백성을 살기 좋게 하고 싶었어.
그런 정치를 펼쳐 나갈 근거지가 바로 화성이었던 거야. 정조가 화성을 세운 이유, 이제 알겠지?

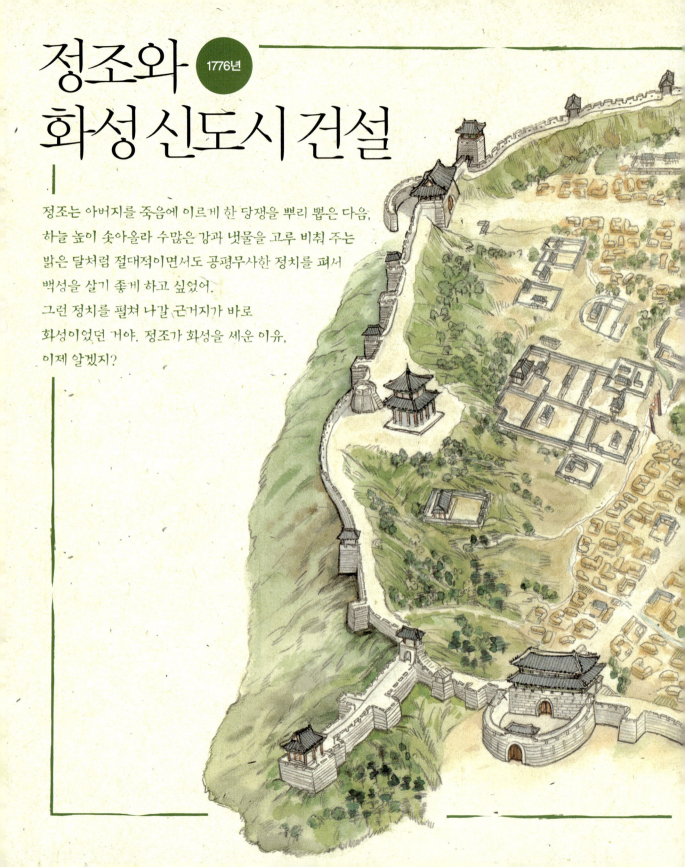

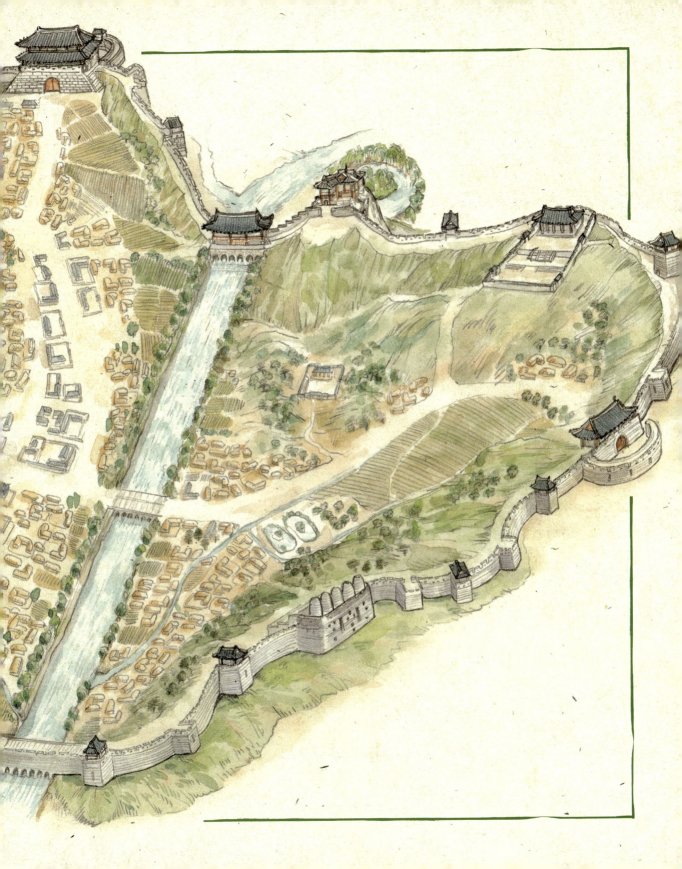

1780년
박지원, 청나라 여행하고
《열하일기》를 씀

1791년
육의전 이외의 금난전권 폐지

1776년
조선 시대 정조 즉위, 규장각 세움

화성에 가 본 적 있니? 화성은 지금의 경기도 수원에 있어.

화성은 조선 22대 왕 정조가 심혈을 기울여 건설한 신도시였어.

수도 한양만큼 크지는 않지만, 한양의 남쪽에 자리잡고 앉아

한양을 든든히 지켜줄 신도시였지.

신도시 화성을 에워싼 성곽은 당대의 과학 기술을 총동원한 작품이었어.

화성 성곽은 든든할 뿐 아니라 아름답기까지 했단다.

"목숨 걸고 적과 싸워야 하는 성을 왜 이토록 아름답게 짓습니까?"

신하의 물음에 정조는 이렇게 한마디로 대답했다고 해.

"아름다움이 적을 이기느니라."

정조는 조선의 여러 왕들 중에서 공부를 가장 많이 하고 똑똑했던 인물이야.

그런 정조가 화성이란 신도시를 건설한 데는 특별한 이유가 있었단다.

그것이 과연 무엇이었을까?

그 이유를 알기 위해 먼저 한양에서 화성까지 8일 동안 벌어진

정조의 화성 행차를 따라가 보자. 처음부터 끝까지 그 행차를 따라가다 보면

정조가 화성을 건설한 이유를 알게 될 거야.

1834년
염계달,
헌종 앞에서 판소리 공연

1836년
윤광연, 부인의 글을 모아
《정일당유고》 펴냄

1861년
김정호, 《대동여지도》 완성

1862년
진주에서 농민 봉기 일어남

● 화성 행차를 떠나는 날, 정조는 이른 새벽에 눈을 떴어. 이번 행차는 정조에게 매우 뜻 깊은 일이었거든. 회갑을 맞은 어머니의 회갑 축하 잔치를 아버지 사도 세자의 무덤이 있는 화성에 가서 하기로 했기 때문이야.

정조의 아버지 사도 세자를 기억하지? 사도 세자는 당쟁의 소용돌이에 휘말려 뒤주에 갇혀 죽고 말았어. 사도 세자가 죽을 때, 정조는 겨우 열한 살이었단다. 그 후 오랜 세월이 흘렀지만 정조는 한시도 아버지를 잊지 않았어. 아버지를 잊지 않는다는 건 다시 말해 사도 세자의 죽음이 억울한 것이었음을 밝히고, 사도 세자를 죽음으로 몰고 간 당쟁을 반드시 뿌리 뽑겠다는 결

경모궁
정조가 아버지 사도 세자를 추모하기 위해 세운 사당이야. 원래 이곳은 창경궁에 딸린 정원이었어. 그곳에 사당을 세웠던 거야. 오늘날 경모궁은 사라지고, 그 자리에 서울대학교 병원이 들어서 있단다. 경모궁의 흔적으로는 문과 계단만 남아 있어. 사진은 6·25 전쟁 전에 찍은 경모궁 일부의 모습이야.

정순 왕후

정순 왕후는 정조의 할아버지인 영조의 두 번째 왕비인데, 정조의 어머니인 혜경궁 홍씨보다 열 살이나 아래였어. 어머니보다 할머니의 나이가 훨씬 어린 거야. 정순 왕후는 사도 세자를 죽이는 데 영향을 미쳤기 때문에 정조와는 사이가 좋지 않았단다.

심을 다지는 일이기도 했어.

이번 화성 행차는 정조의 그런 결심을 만천하에 선포하는 일이었단다. 겉으로는 어머니 혜경궁 홍씨의 회갑을 축하하는 행사였지만, 속으로는 사도 세자의 한 맺힌 영혼을 달래고 나아가 사도 세자를 죽음으로 몰아넣은 노론들에게 사도 세자의 아들인 정조를 함부로 얕보지 말라는 준엄한 경고를 내리는 일이기도 했어.

또, 정조를 충심으로 따르는 이들에게는 미더움을 주는 일이며, 백성들에게는 왕의 위엄을 알리는 의식이기도 했단다. 을묘년인 1795년 윤 2월 9일부터 8일 동안 벌어진 정조의 화성 행차는 이렇게 해서 이루어졌어.

정조의 화성 행차, 그 8일

정조는 서둘러 옷을 갈아 입고 나섰어. 출발 시간은 묘시(아침 5~7시). 출발 전, 정조는 왕대비 정순 왕후를 찾아가 인사를 드리고, 창덕궁의 정문인 돈화문으로 나와 어머니를 기다렸단다. 어머니 혜경궁 홍씨가 가마를 타고 나오자, 드디어 행차가 출발했어.

정조는 가마를 타지 않고 말을 탔단다. 왕이 입는 군복인 융복을 차려입고 말 위에 올라앉은 정조의 모습은 마치 늠름한 장군 같았어. 행차에 참가한 사람은 1,779명, 말은 779필이었지. 그러나 화

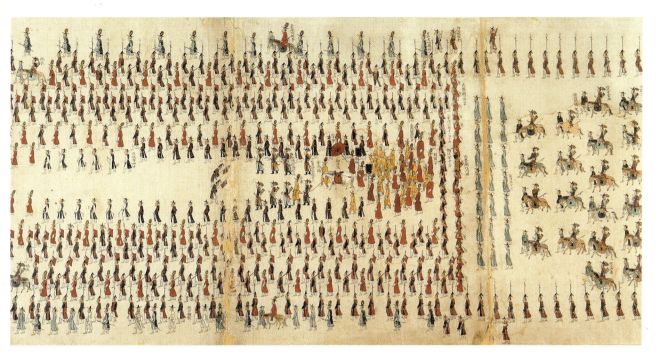

화성 행차
화성 행차는 정조가 오랫동안 준비한 일이었어. 어머니의 회갑을 축하하는 행사인 동시에 왕의 위엄을 널리 알리는 의식이기도 했지.

성에 먼저 내려갔거나, 행차가 지나갈 곳에 미리 가서 대기하고 있는 사람들까지 모두 합하면 화성 행차에 참여한 총 인원은 무려 6천여 명에 이른단다.

이번 행차를 위해 서울부터 화성까지 길을 새로 닦았어. 지금의 시흥길이 바로 그 길이야. 길 중간중간에는 쉬어갈 곳과 숙소, 식사를 준비할 임시 건물까지 빈틈없이 준비해 놓았지.

행차는 숭례문을 빠져나와 지금의 서울역을 지나 용산에 이르렀어. 화성에 가려면 용산에서 한강을 건너야 했지. 그런데 한강에 다리가 없던 시절, 어떻게 한강을 건넜을까?

이제 이번 행차에서 가장 멋진 장면이 눈앞에 펼쳐진단다. 한강을 가로지르는 '배다리'를 놓은 거야. 배다리가 뭐냐고? 여러 척의 배를 연결하여 임시로 만든 다리란다.

화성 가는 길
정조가 창덕궁에서 출발하여 화성까지 간 길을 나타낸 지도야. 예전에는 과천을 지나는 오른쪽 길로 갔지만 이번엔 새로 닦은 길, 시흥을 지나는 왼쪽 길로 갔어.

*觀 볼 관
光 빛 광
民 백성 민
人 사람 인

한강에 배다리를 놓은 것이 이번이 처음은 아냐. 그렇지만 가장 적은 비용으로 가장 짧은 시간에 배다리를 놓기 위해 정조는 신하들과 함께 치밀한 계획을 짰어. 한강을 오가며 장사하는 배 36척을 동원하여 배와 배를 연결한 다음, 그 위에 판자를 깔아 다리를 만들었단다. 배다리를 완성하는 데는 11일 걸렸어. 위치는 지금의 한강 대교와 한강 철교의 중간쯤이었지.

오색 깃발이 휘날리는 가운데 혜경궁이 탄 가마와 왕이 탄 말, 그 앞뒤로 늘어선 수많은 관리들과 군사들이 천천히 배다리를 건너는 광경은 말 그대로 장관이었어. 강 양편은 이 광경을 보려고 나온 구경꾼들로 가득 찼단다. 그땐 구경꾼들을 '관광민인'이라고 불렀어. 정조는 관광민인을 막지 말고 마음껏 구경하도록 내버려 두라고 명령했단다. 백성들에게 왕의 위엄을 한껏 보여 주기 위해서였어.

행차는 무사히 한강을 건너 장승백이 고개를 넘어 시흥으로 향했어. 어느덧 해가 기울고 있었단다. 시흥에는 일행이 묵을 행궁이 있었어. 역시 이번 행차를 위해 새로 지은 집이었지. 시흥 행궁에 다다른 정조는 신하들에게 음식을 내리고 칭찬의 말을 했어.

"날씨가 맑고 자궁(어머니)께서 건강하시니 매우 경사스럽구나. 이 음식은 자궁께서 내리시는 것이니 배불리 먹으라."

시흥 행궁에서 하룻밤을 묵은 일행은 다음 날 아침 일찍 길을 떠났어. 만안교를 건너 안양참(지금의 안양 전철역 근처)을 지나 사근참 행궁에 도착하여 점심을 먹었단다. 때마침 비가 내리기 시작했어.

일행은 비를 맞으며 걸음을 재촉했어.

드디어 화성의 북문인 장안문에 이르렀어. 장안문을 지나 남문인 팔달문 쪽으로 가다가 오른편으로 꺾으면 화성 행궁이야. 정조는 어머니를 행궁의 장락당이란 건물로 모신 다음, 저녁 수라를 들게 했단다. 창덕궁에서 화성 행궁까지는 꼬박 63리였어.

다음 날부터 나흘 동안 화성에서는 여러 가지 행사가 벌어졌어. 화성 근처에 사는 유생들과 무사들을 위해 과거 시험이 열리고, 사도 세자의 무덤인 현륭원 참배가 있었어. 또, 왕의 참관 아래 군사 훈련이 밤과 낮에 걸쳐 두 번이나 벌어졌어. 그리고 혜경궁의 회갑 잔치에 이어 화성에 사는 노인 384명을 초청하여 양로연을 베풀고, 또 홀아비, 과부, 고아, 자식 없는 노인, 가난한 사

배다리
배다리의 양끝과 한가운데에는 홍살문을 세워 끝과 중심이라는 표시를 했어. 이 그림은 화성에서 창덕궁으로 돌아올 때 한강을 건너는 장면이란다. 위쪽이 강남이고 아래쪽이 강북이야. 홍살문 밑을 지나고 있는 혜경궁 홍씨의 가마가 보이니? 그 뒤로 호위 군사들에게 둘러싸여 정조가 따르고 있어. —국립고궁박물관

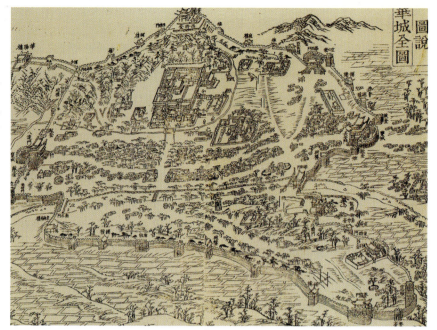

〈화성전도〉
1796년에 만든 화성 지도야. 정조가 어머니 회갑을 기념하여 화성 행차를 한 다음 해에 만든 것이란다. 성 주변에는 논밭이 가득하고 성 안에는 집들이 들어서 있구나.
-규장각한국학연구원

람들에게 쌀과 소금을 무료로 나눠 주었단다.

윤 2월 15일, 일행은 나흘에 걸친 행사를 마치고 다시 한양으로 출발했어. 길은 올 때와 같았지. 진목정교를 지나 미륵현에 이르렀을 때야. 미륵현은 지금의 수원과 의왕을 가르는 고개인데 이 고개를 넘으면 화성과 현륭원이 보이지 않게 된단다. 정조는 말을 멈추었어.

"이 미륵현에 오면 떠나기 싫어 고삐를 멈추고 한참 동안 남쪽을 바라보게 된다. 나도 모르게 말에서 내려 서성이곤 한다. 이번에 고개 위를 보니 둥글게 생긴 돌 자리가 있구나. 그 자리를 '지지'라고 이름 지으라. 그리고 앞으로는 미륵현 밑에 '지지대'라는 세 글자를 넣어 표식을 세우라."

*遲 더딜지
遲 더딜지

'지지'는 '천천히 천천히'라는 뜻이야. 아버지가 묻혀 있는 곳을 떠나기 싫으니 천천히 가자는 애틋한 마음의 표시란다. 이 때부터 미륵현은 지지대 고개라고 부르게 되었어. 지금도 그 유래를 적은 비석이 남아 있단다.

지지대 비
비각 안에 지지대에 얽힌 이야기를 새겨 놓은 비석이 서 있어.
비각에 오르는 계단에는 지지대라고 한자로 쓰여 있지.

❗ 《원행을묘정리의궤》

정조는 어머니의 회갑을 기념하여 화성에 행차한 뒤, 《원행을묘정리의궤》를 만들게 했어. '의궤'는 나라에서 행사나 의식을 치를 때 그 과정을 기록해 두는 책이야. 이 의궤에는 행차 준비 과정, 실행 과정, 참가자

《원행을묘정리의궤》 의궤에는 행사의 주요 장면을 그린 그림이 실려 있어. 이를 반차도라고 해. 반차도는 매우 세밀하고 생생한 것이 특징이야.

명단, 행사에 들어간 경비와 수입과 지출 등이 꼼꼼히 기록되어 있어. 심지어는 식사 메뉴와 들어간 재료까지 기록되어 있단다. 행차 첫날, 혜경궁 홍씨가 먹은 저녁 수라 메뉴를 볼까? '팥밥, 명태탕, 조치, 편육, 젓갈, 채, 침채, 장, 어만두, 각종 구이' 등등이란다. 《원행을묘정리의궤》의 하이라이트는 김홍도의 지휘 아래 도화서 화원들이 그린 주요 행차 장면의 그림이야. 한강 배다리를 건너는 장면, 1천 7백여 명의 행진 장면, 잔치 장면, 군사 훈련 장면 등을 보면 그 세밀하고 생생한 묘사에 감탄하지 않을 수 없단다.

정조는 한양으로 돌아오는 길에 백성들과 직접 대화를 나눴어. 정조는 왕이 궁궐에만 있으면 백성들의 고통을 알 수 없다고 생각했어. 또, 왕이 백성들과 대화를 나누는 것은 백성들에게 두터운 믿음을 주어 왕의 권위를 탄탄히 다지는 일이라고 여겼어. 이렇게 해서 8일간에 걸친 화성 행차는 막을 내렸단다.

정조가 화성을 세운 이유

화성은 정조의 꿈이 담긴 도시였어. 정조의 꿈은 무엇이었을까? 당쟁을 뿌리 뽑고 왕의 권위를 드높여 백성들이 편안하게 살 수 있는 정치를 하는 것이 정조의 꿈이었단다. 그중에서도 당쟁을 뿌리 뽑는 일이 가장 중요했어.

정조는 왕위에 오른 다음 자신의 꿈

〈봉수당진찬도〉
화성 행궁의 봉수당에서 벌어진 혜경궁의 회갑 잔치 장면이야. 《원행을묘정리의궤》에 실려 있는 반차도 중 하나란다. —국립고궁박물관

창덕궁 주합루

규장각은 겉으로는 왕실 도서관이었지만, 실제는 정조의 개혁 정치를 뒷받침해 주는 기관이었단다. 사진은 규장각이 있던 창덕궁 주합루야. 주합루는 2층 건물인데, 1층이 규장각이었지. 규장각에 보관되어 있던 자료들은 지금 서울대학교 규장각한국학연구원에 옮겨져 있어.

을 차근차근 펼쳐 나갔어. 먼저, 규장각을 세워 노론이니 소론이니 남인이니 하는 당파와 상관없이 재능 있고 젊은 신하들을 뽑아 썼어. 또, 서자(첩이 낳은 자식) 출신이라도 재능이 뛰어난 사람은 관리로 뽑았단다. 서자 출신인 박제가, 유득공, 이덕무를 규장각 검서관으로 특별 채용하고, 정약용 같은 재능 있는 신하들에게 각별한 관심을 기울여 귀한 책을 주거나 풀어야 할 과제를 주면서 왕에게 충성을 다할 신하로 키웠어.

다음에는 '장용영'이라는 새로운 군대를 만들어 왕의 충성스러운 군대로 키웠단다. 장용영은 한양과 화성 두 곳에 있었는데, 특히 화성에 있는 장용외영은 정조가 신임하는 정예 군대였지.

장용영

장용영은 정조를 호위하는 특별 부대였어. 한양과 화성에 나뉘어 있었는데, 한양에 있는 부대를 '장용내영', 화성에 있는 부대를 '장용외영'이라고 했단다. 그런데 정조의 깊은 신임을 받던 장용영은 정조가 죽은 뒤, 곧바로 없어졌어.

규장각과 장용영은 정조를 지켜 주는 '문'과 '무'의 두 날개였어. '문'과 '무'의 두 날개를 갖춘 다음, 정조는 숙원 사업인 사도 세자 무덤 옮기는 일을 시작했어. 사도 세자의 무덤은 경기도 양주 배봉산(지금의 서울시립대학교 뒷산) 밑에 있었는데, 수원으로 옮겨 '현륭원'이라고 이름했단다.

그런 다음 수원에 신도시 화성을 건설한 거야. 화성은 정조가 앞으로 펼쳐 나갈 새로운 정치의 근거지가 될 곳이었어. 새로운 정치의 내용은 과연 무엇이었을까? 정조는 '만천명월주인옹'이 되고자 했어. 이 말은 '수많은 강을 비추는 달과 같은 임금'이라는 뜻이야. 정조는 아버지를 죽음에 이르게 한 당쟁을 뿌리 뽑은 다음, 하늘 높이 솟아올라 수많은 강과 냇물을 고루 비춰 주는 밝은 달처럼 절대적이면서도 공평무사한 정치를 펴서 백성을 살기 좋게 하고 싶었어. 그런 정치를 펼쳐 나갈 근거지가 바로 화성이었던 거야. 정조가 화성을 세운 이유, 이제 알겠지?

신도시 화성 건설은 한양이 건설된 지 꼭 4백 년이 되는 1794년에 시작되었어. 애당초 10년 계획으로 시작했는데, 2년 7개월 만에 공사가 끝났단다.

정조는 신도시 백성들에게 세금을 면제해 주고 상인들에게 혜택을 주어, 인구를 늘리고 경제를 번창시킬 계획을 세웠어. 수원은 원래 집이 약 3백 채, 인구 약 1천 5백 명인 조그만 도시였어. 3백 채의 집 중에서 기와집이라곤 단 한 채뿐이고 나머지는 초가집이었지. 그러나 수원은 신도시 건설로 놀라운 변신을 하게 되었어.

*萬川明月主人翁
- 萬 일만 만
- 川 내 천
- 明 밝을 명
- 月 달 월
- 主 주인 주
- 人 사람 인
- 翁 노인 옹

● 화성의 현재 모습

서북공심돈 공심돈은 '속이 빈 돈대'라는 뜻으로, 화성에만 있는 시설이야. 벽돌로 돈대를 쌓고 꼭대기에는 군사들이 머물 건물을 지었어. 돈대에는 층마다 총구멍을 뚫었단다.

장안문 화성의 4대문 가운데 북쪽에 있는 문이야. 남문인 팔달문과 크기나 생김새가 같아.

화홍문(북수문) 맑은 물이 흐르는 아름다운 수문이야. 옛날에는 마을 사람들의 빨래터로도 쓰였단다.

화서문 화성의 서쪽 문이야.

방화수류정(동북각루)

동장대(연무대)

창룡문(동문)

서장대 장대는 군사 지휘소를 말해. 화성에는 동서 두 곳에 장대가 있어. 서쪽에 있는 것을 서장대라고 부른단다.

화양루(서남각루) 각루는 높은 곳에 세워져 있어서 주변을 감시하기 좋은 곳이야. 서남쪽 각루인 화양루, 동북쪽 각루인 방화수류정은 경치도 매우 아름다워.

팔달문 화성의 남쪽 문이야. 성문 앞에 반원 모양의 둥근 성이 또 한 겹 둘러 있지? 벽돌로 쌓은 이 성을 '옹성'이라고 해. 항아리를 반으로 쪼갠 모양이라는 뜻이야. 성문을 보호하는 역할을 한단다.

봉돈 봉화를 올리는 곳이야. 평상시에는 1개, 적이 나타나면 2개, 적이 접근하면 3개, 국경을 침범하면 4개, 적과 싸울 땐 5개의 봉화를 올렸단다.

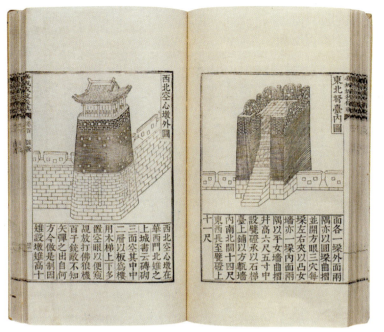

《화성성역의궤》
화성을 건설한 다음, 그 과정과 내용을 자세히 기록해 둔 책이란다. 화성 건설에 대한 모든 것이 이 책 속에 있어. 오늘날 화성이 완벽하게 복원될 수 있었던 건 이 책 덕분이야.
-규장각한국학연구원

화성은 당대의 과학 기술과 문화 수준이 총동원되어 만들어졌단다. 화성을 에워싼 성곽은 다른 곳에서는 볼 수 없는 공심돈 같은 새로운 시설이 많아 매우 튼튼했어. 외적이 쳐들어왔을 때 막아 내기 좋은 방어 시설이었던 거야.

화성 건설에 동원된 백성들에게는 반나절치의 품삯을 주었어. 이것은 당시 매우 놀라운 일이었단다. 나라에서 성을 쌓거나 도시를 건설할 때면 백성들은 으레 무료로 나가 일하곤 했거든.

정조의 죽음과 세도 정치의 시작

1795년 윤 2월에 화성에서 벌인 혜경궁의 회갑 잔치 때, 정조는 이렇게 말했어.

"10년 뒤에는 자궁께서 칠순이 되신다. 그때도 현륭원에 참배하고 잔치하기를 오늘처럼 할 것이다."

그러나 그 소망은 이루어지지 못했어. 화성 행차 5년 뒤인 1800년, 정조는 갑자기 세상을 떠나고 말았어. 원인은 피부병이었어. 마흔아홉 살밖에 되지 않은 정조가 갑자기 죽자, 병으로 죽은 게 아니고 독살당했다는 소문이 돌았어. 특히 정조의 죽음으로 타격을 입게 된 남인들 사이에서 그런 소문이 파다했지.

정조가 죽은 뒤, 열한 살의 어린 세자 순조가 즉위했어. 그러자 대왕대비가 된 정순 왕후가 수렴청정을 하게 되었단다. 정순 왕후는 정조가 이뤄 놓은 일들을 모두 파괴해 버렸어. 정조가 애써 키운 인재들을 서학을 믿는다는 죄목 등으로 처형하거나 귀양 보내고, 장용영은 아예 없애 버렸단다. 당쟁을 뿌리 뽑고 새로운 정치를 펼치려던 정조의 꿈은 산산이 부서졌어. 비록 정조의 꿈은 부서졌지만, 화성은 오늘날까지 남아 그 자취를 알려 주고 있단다.

정조가 죽은 뒤 조선의 정치는 안동 김씨, 반남 박씨, 풍양 조씨 등 몇몇 유력한 집안의 손에 들어갔어. 이렇게 몇몇 유력한 집안이 정치를 뒤흔드는 것을 '세도 정치'라고 해. 세도 정치는 흥선 대원군이 등장할 때까지 60여 년 동안 계속되었단다.

정조 영정
정조의 영정을 모셔 놓고 해마다 제사를 지내던 화령전에 있어. 화령전은 화성 행궁 옆에 있단다.

*勢 형세 세
　道 길 도
　政 정사 정
　治 다스릴 치

조선의 무예를 다시 세우다

월도 칼날이 초승달처럼 생겼기 때문에 월도라고 해.

사도 세자의 무덤을 수원으로 옮길 무렵의 일이야. 정조는 규장각 검서관 이덕무와 박제가, 장용영 장교 백동수를 불러 새로운 무예서를 편찬하라는 명령을 내렸어.
"그대들에게 명하노니, 새로운 무예서를 편찬하라. 과인이 새로운 무예서의 제목을 미리 내리니, 《무예도보통지》라 하라."
정조는 나라를 다스리는 데 무예가 학문 못지않게 중요하다고 생각했어. 왕이 당쟁에 휘둘리지 않고 강력한 힘을 발휘하려면 왕을 뒷받침해 줄 든든한 군대가 있어야 했지. 정조는 '문'과 '무'가 균형을 이루어야 한다면서 이렇게 말하곤 했단다.
"'문'과 '무'는 새의 두 날개나 수레의 두 바퀴와 같다."
무예를 중요하게 생각한 건 정조의 아버지 사도 세자도 마찬가지였어. 사도 세자를 싫어한 노론들은 사도 세자를 가리켜 정신병자라 할 만큼 예민하고 나약하다고 했지만, 사실 사도 세자는 기운이 세고 무척 용감했으며, 무거운 청룡도를 능숙하게 다루고, 활을 쏘면 백발백중이었단다. 사도 세자는 조선의 무예를 정리하기 위해 《무예신보》라는 책을 편찬했어. 그러니 정조가 무예에 관심을 갖고 《무예도보통지》를 편찬한 것은 아버지의 뒤를 따른 일이기도 했지.
그러나 '문'과 '무'를 중시한 정조가 죽자, 조선의 무예는 급속히 쇠퇴했어. 일본의 식민지가 되면서 아예 맥이 끊겼다가, 최근에야 다시 '전통 무예'라는 이름으로 되살아나고 있단다.

권법

● 《무예도보통지》

조선, 중국, 일본 세 나라의 무예를 두루 살펴, 조선 고유의 무예인 '쌍검, 권법, 마상월도, 격구, 마상재' 등 총 24반의 각 동작을 그림으로 그려 넣고, 간단한 설명을 달아 놓은 책이야. 그림들은 이 책에 실린 거란다. 장용영, 훈련도감을 비롯한 모든 군대에서 훈련 교본으로 썼어. 한문을 모르는 병사들을 위해 한글본도 따로 만들었지.

쌍검

당파 끝이 세 갈래로 갈라진 당파창으로 싸우는 모습이야.

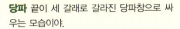

기창

등패 등나무로 만든 방패를 등패라고 해.

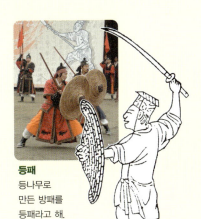

마상편곤 말 탄 무사가 편곤을 휘두르며 싸우는 모습이야. 편곤은 도리깨 비슷한 것이란다.

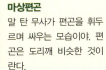

실학자들의 꿈

1780년

왜 하필 토지 제도의 개혁이었을까?
유형원은 당시 토지 제도에 대해 이렇게 말했어.
"부자들의 넓은 땅은 한없이 서로 맞대어 있어
가난한 사람은 송곳 하나 꽂을 땅도 없는 꼴이 되었다.
부자는 더욱 부자가 되고 가난한 자는 더욱 가난해진다.
나쁜 꾀를 품은 지주들이 토지를 독차지하는 반면에,
백성들은 가족을 이끌고 떠돌다가 끝내 머슴이 될 수밖에 없다."

1776년
조선 시대
정조 즉위, 규장각 세움

1780년
박지원, 청나라 여행하고 《열하일기》를 씀

1791년
육의전 이외의 금난전권 폐지

실학은 세운이도 잘 알고 있듯이 조선 후기에 등장한 개혁 사상이야.

그런데 왜 하필 그때 실학이 등장했을까?

왜란과 호란이 끝난 뒤, 조선에는 새로운 변화가 필요했어.

전쟁으로 생긴 여러 문제들을 해결하고, 흐트러진 민심을 바로잡을 수 있는 변화 말야.

그때 정치를 맡고 있던 지배층들은 이에 어떻게 대처했을까?

당시의 지배층은 고리타분한 생각에 빠져 제대로 된 대책을 세우지 못하고 있었어.

그러자 나라와 백성을 위해서는 이러저러한 개혁을 해야 한다고 주장하는 사람들이 등장했지.

이들을 바로 '실학자'라고 불러.

그런데 실학자들은 대부분 시골에 살면서 학문과 연구에만 힘쓴 사람들이야.

높은 관리나 정치가가 아니었지.

그래서 이들의 연구는 주위에 널리 알려지지 않았고,

현실 개혁에 실제로 쓰이지도 못했단다.

서랍이나 궤짝 속에 든 채로 때를 기다려야 했어.

그렇지만 실학자들이 품었던 뜻과 희망만큼은 귀한 것이었어.

자, 오늘은 실학자들의 사상과 삶에 대해 알아보기로 하자.

1834년
염계달,
헌종 앞에서 판소리 공연

1836년
윤광연, 부인의 글을 모아
《정일당유고》 펴냄

1861년
김정호, 《대동여지도》 완성

1862년
진주에서 농민 봉기 일어남

● 실학자들이 등장한 건 17세기 무렵부터야. 실학자들은 학문이란 실제 생활에 쓸모가 있어야 한다고 생각했어. 이 점은 명분에 사로잡혀 실제 생활에는 별 도움이 안 되는 주장을 하던 당시 성리학자들과는 상당히 달랐단다.

실학자라도 사람에 따라 관심 분야가 조금씩 달랐어. 어떤 이는 백성의 생활과 밀접한 농업을 중시하면서 토지 제도를 개혁해야 한다고 주장했어. 유형원, 이익, 정약용 들이 그들이야.

또, 어떤 이는 상업을 발전시켜야 한다면서 청나라를 오랑캐라고 깔보지 말고 배울 것은 배우자고 했어. 이렇게 청나라로부터 배우자고 주장한 사람들을 '북학파'라고 부른단다. 박지원, 박제가, 홍대용 들이 그들이야.

그리고 우리나라 역사와 지리, 언어에 대해서 관심을 갖고 연구한 이들도 있어. 역사가 안정복, 《대동여지도》를 만든 김정호, 한

*實 열매 실
 學 배울 학

실학자들의 주장과 지은 책들
실학자들은 실제 생활에 쓸모 있는 학문을 연구하고, 현실의 문제점을 고쳐 나가기 위해 여러 가지 개혁을 주장했어. 실학자들의 업적과 지은 책들을 살펴보자.

박지원
- 양반 문벌 비판
- 《열하일기》

유형원
- 토지 제도 개혁
- 《반계수록》

정약전
- 《자산어보》

박제가
- 대외 무역
- 《북학의》

이익
- 토지 제도 개혁
- 《성호사설》

정약용
- 민본 정치
- 《목민심서》

글을 연구한 유희와 신경준 들이 바로 그들이란다.

그럼 여러 실학자들 중에서 대표적인 인물인 유형원과 정약용, 박지원에 대해 자세히 알아보자.

실학의 선구자 유형원

유형원은 여러 실학자들에게 영향을 끼친 사람이야. 그래서 그를 실학의 선구자라고 부른단다. 유형원은 두 살 때 아버지를 잃고 할아버지 밑에서 자랐어. 유형원의 아버지는 당쟁에 휘말려 죽음을 당했다고 해.

한양에서 태어나 자란 유형원은 서른두 살 때 전라도 부안의 우

반계서당
유형원이 공부를 하며 《반계수록》을 썼다는 곳이야. 전라북도 부안 우동리에 있어. 산중턱에 자리 잡고 있어서 한참 올라가야 하지만 마을이 내려다보이고 경치가 퍽 좋단다.

반동으로 이사를 갔어. 과거 시험을 보아 관리가 되는 것을 단념하고 시골 생활을 택한 거야. 우반동은 한때 그의 할아버지가 살았던 곳이기도 했어.

시골로 내려간 유형원은 무엇을 했을까? 그는 대나무 숲 속에 자리 잡은 집에 살면서 매일 밤 늦게까지 조상 대대로 내려오는 책들을 읽었어. 당시 그의 집에는 책이 만 권이나 있었다고 해.

유형원은 공부만 하려고 시골로 간 건 아니었어. 그는 농촌에 살면서 농민들의 생활을 직접 보고 들으며 당시 사회가 안고 있는 문제들을 해결할 방법을 연구하려 했어. 그것이야말로 배운 자가 마땅히 해야 할 일이라는 사명감을 유형원은 갖고 있었단다.

한편으로는 공부를 하고 한편으로는 농민 생활을 관찰하기를 20년, 마침내 유형원은 자기 생각을 정리한 책을 썼어. 책의 제목은

《반계수록》. '반계'는 유형원의 호인데, 우반동 근처에 흐르는 냇물의 이름에서 딴 것이고, '수록'은 '생각나는 대로 적은 글'이라는 뜻이야. 《반계수록》에서 유형원이 가장 힘주어 강조한 것은 토지 제도의 개혁이었어. 왜 하필 토지 제도의 개혁이었을까? 유형원은 당시 토지 제도에 대해 이렇게 말했어.

"부자들의 넓은 땅은 한없이 서로 맞대어 있어 가난한 사람은 송곳 하나 꽂을 땅도 없는 꼴이 되었다. 부자는 더욱 부자가 되고 가난한 자는 더욱 가난해진다. 나쁜 꾀를 품은 지주들이 토지를 독차지하는 반면에, 백성들은 가족을 이끌고 떠돌다가 끝내 머슴이 될 수밖에 없다."

조선 시대의 토지 제도는 근본적으로 농민보다는 양반에게 유리한 제도였어. 그런 데다가 왜란과 호란이 끝난 뒤부터는 양반이 토지를 독차지하는 일이 늘어나고 있었어. 양반이 토지를 독차지하니 가난한 농민은 농사지을 땅이 없어 양반의 토지를 빌려야 했지. 그리고 토지를 빌린 대가로 추수한 곡식의 대부분을 양반에게 바쳐야 했어. 때문에 농민은 아무리 열심히 일해도 재산을 모으기는커녕 갈수록 가난해지기만 했어.

그런데 농민이 가난해지면 가난해질수록 나라도 가난해진단다. 왜냐하면 나라에 세금을 내는 사람은 농민이었기 때문이야. 당시 양반은 세금을 면제받았거든.

유형원은 이대로 가다가는 농민도 나라도 모두 망하고 말 거라고 생각했어. 그래서 토지 제도를 개혁해야 한다고 주장

농민과 토지

조선은 농업이 사람들의 생활을 지탱해 주는 농업 중심의 사회였어. 그래서 농업과 토지 제도는 아주 밀접한 관계를 갖고 있단다. 그리고 토지 제도가 농민에게 유리하게 되어 있느냐 양반에게 유리하게 되어 있느냐에 따라 농민의 생활 형편이 좌우되었어. 토지 제도가 양반에게 유리하게 되어 있으면 농민은 제아무리 힘들여 농사를 지어도 굶주리고 헐벗을 수밖에 없었지.

한 거란다.

유형원의 개혁안은 구체적으로 어떤 것이었을까? 유형원은 나라 안의 모든 토지를 일단 나라의 소유로 만든 다음, 다시 농민들에게 골고루 나눠 주자고 했어. 그러면 가난한 자와 부자의 차이가 없어질 거라고 했지.

《반계수록》에는 토지 제도 외에도 과거 제도, 노비 제도 등 각 방면에 걸친 개혁안이 실려 있단다. 《반계수록》은 새로운 조선을 위해 유형원이 그린 설계도였던 거야. 그러나 유형원은 《반계수록》을 완성한 지 3년 뒤에 죽었단다.

토지 제도 개혁을 주장하는 유형원

"만일 토지 제도를 바로잡지 않으면 백성의 생활은 영원히 안정될 수 없을 것이다. 토지 제도를 바로잡지 않는다면 국가의 모든 제도가 혼란에 빠지고 정치나 교육도 소홀해진다. 토지는 국가의 큰 근본으로 그것이 무너지면 모든 제도가 혼란해지는 것이다." 유형원은 이렇게 주장했어. 하지만 그의 개혁안은 실현되지 못했단다.

유형원이 죽은 뒤, 제자들은 《반계수록》을 한양에 있는 벼슬아치들에게 보냈지만, 한양의 벼슬아치들은 거들떠보지도 않았어. 《반계수록》이 빛을 본 건 70년이나 지난 영조 때였단다. 영조는 《반계수록》을 읽고 그 가치를 인정하여 조정 대신들과 지방의 관리들에게 널리 읽게 했어.

소설로 사회를 비판한 박지원

박지원은 당쟁에서 이겨 권력을 쥔 노론 집안에서 태어났어. 박지원은 두 살 때 부모님이 돌아가시는 바람에 할아버지 밑에서 자랐지.

그런데 박지원은 여느 노론 양반과는 참 달랐어. 과거 시험을 보아 관리가 되는 데는 별로 뜻이 없어서 공부를 미루다가, 서른네 살이란 늦은 나이에 겨우 과거를 보아 장원 급제를 했단다. 그러나 그마저도 포기해 버리고 말았어.

또, 박지원은 보통 거드름 피우기 마련인 여느 양반들하고는 거리가 먼 행동을 하기도 했어. 그는 며칠씩 밥을 거르기 일쑤였고, 세수도 하지 않았어. 양반들이 천하다고 무시하는 머슴, 장사꾼, 나무꾼 들과도 스스럼없이 어울렸단다. 그런가 하면 가족과 함께 한양을 떠나 황해도 금천에 있는 연암 골짜기로 들어가 9년 동안 직접 농사를 지으며 살기도 했어. 박지원의 호가 '연암'인 건 그 골짜기 이름에서 따온 거란다.

박지원의 소설

박지원은 비록 신분이 낮아 천대를 받긴 했지만, 마음가짐이나 행동거지가 양반보다 오히려 나은 사람들을 주인공으로 하는 소설을 여러 편 썼어. 똥 치우는 사람의 성실함을 칭송한 《예덕 선생전》, 거지 광문의 정직함을 칭송한 《광문자전》, 열녀가 되기를 강요받는 과부의 힘겨운 생활을 그린 《열녀 함양 박씨전》 등이 바로 그런 작품이란다.

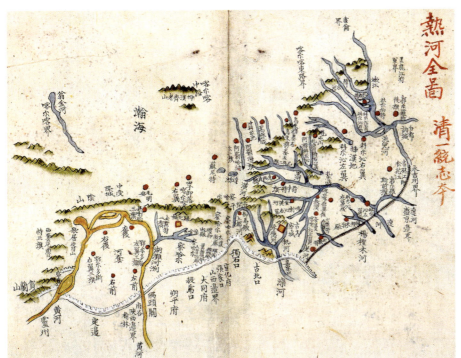

〈열하전도〉
박지원과 사신 일행은 청나라 황제의 생일을 축하하기 위해 머나먼 길을 떠났어. 박지원은 압록강을 건너는 데서부터 시작하여 요동을 지나 북경에 도착한 다음, 다시 열하로 갔다가 북경에 돌아오기까지 약 두 달 동안 보고 듣고 겪은 일들을 《열하일기》에 썼단다. '열하'는 북경 동북쪽에 있던 황제의 피서지야. 지금의 하북성 승덕이란다. —국립중앙도서관

　연암 골짜기에서 살 때였어. 박지원은 팔촌 형 박명원이 청나라 사신으로 가게 되자 그 일행에 끼어 청나라를 다녀왔단다. 그러고 나서 청나라 여행기를 썼어. 제목은 《열하일기》. 그는 이 책에서 청나라를 오랑캐라고 멸시만 할 것이 아니라 청나라로부터 배울 것은 배워야 한다고 주장했어.

　당시 대부분의 양반들은 청나라를 야만스러운 나라라며 청나라를 정벌하자는 '북벌'을 주장했어. 그런데 박지원이 청나라에서 배우자는 '북학'을 주장했으니, 당시에는 정말 큰 충격이었지.

　또, 박지원은 상업을 천하게 여기지 말고 오히려 권장해야 한다고 주장했어. 당시 양반들은 상업은 점잖지 못한 일이라고 생각하

*北伐 북녘 북 / 칠 벌

*北學 북녘 북 / 배울 학

고 있었거든.

박지원의 주변에는 내로라하는 젊은 인재들이 모여들었어. 박지원은 글솜씨가 뛰어나기로 널리 소문이 나 있었기 때문이야. 그가 쓴 소설에는 허울만 번지르르하게 꾸미고 거드름 피우면서 백성을 못살게 구는 양반들을 비꼬는 내용이 많아. 《양반전》, 《호질》, 《허생전》이 그런 작품이란다. 잠시 《양반전》의 한 대목을 볼까?

"하늘이 백성을 낼 때 네 종류의 백성을 만들었다. 네 가지 백성 중에 가장 귀한 것이 선비요, 이것을 '양반'이라 하는데, 이보다

❗ '지구가 돈다'고 주장한 홍대용

조선 시대 사람들은 지구는 네모난 사각형이요 하늘은 둥글게 생겼다고 믿었어. 당시 지구가 둥글게 생겼다고 믿는 사람은 아주 적었단다. 그런데 실학자 홍대용은 지구는 둥글게 생겼을 뿐만 아니라 스스로 돈다고 믿었어. 그는 '곡정필담'이란 글에서 이렇게 말했어.

"하늘이 만든 것 중에 모난 것은 없다. …… 그러므로 지구가 둥근 모양이라는 것은 의심할 여지가 없다. …… 만약 지구가 정지하여 움직이지도 돌지도 않고 하늘에 매달려 있다면 즉시 썩고 헐어 부서져 버릴 것이다."

그런데 홍대용은 태양이 중심에 있고 그 주위를 지구가 돈다는 건 미처 알지 못했어. 홍대용은 우주의 중심은 지구이고, 지구는 스스로 돌며, 그런 지구 주위를 태양과 달이 돈다고 생각했던 거야. 이런 생각은 티코 브라헤라는 서양 천문학자의 학설과 비슷해. 아마 홍대용은 청나라에 들어와 있던 티코 브라헤의 학설을 알고 있었나 봐.

더 좋은 것은 없다. 농사도 짓지 않고 장사도 하지 않아도 된다. …… 시골에 살아도 자기 마음대로 할 수가 있으니, 이웃집 소를 가져다가 자기 밭 먼저 갈고, 마을 사람을 불러다가 내 밭 먼저 김매게 한다. 이렇게 해도 어느 누가 욕하지 못한다. 또, 사람을 잡아다가 잿물을 코에 들이붓고 상투를 잡아매어 벌을 준대도 아무도 원망하지 못한다."

이처럼 박지원은 양반의 횡포를 날카롭게 비꼬았어. 박지원의 소설은 지금 읽어도 무척 재미있단다. 그러나 당시에는 점잖지 못하다는 이유로 양반들에게 손가락질을 받았어. 박지원의 소설을 읽어 볼 수 없냐고? 박지원의 소설들은 원래 한문으로 썼지만, 한글로 번역되어 있으니까 세운이도 읽어 볼 수 있단다.

실학을 집대성한 정약용

박지원이 소설을 써서 사회의 문제점을 꼬집고 비판한 데 비해, 정약용은 사회를 개혁할 방법을 학문으로 연구한 사람이야. 박지원은 당쟁에서 이긴 노론 집안 출신이지만, 정약용은 당쟁에서 진 남인 집안에서 태어났어.

정약용은 열여섯 살 때 실학자 성호 이익의 책을 읽고 큰 감동을 받았어. 그때 이익은 죽고 없었지만, 이익의 증손자 이가환이 정약용의 친척이었기 때문에 이가환으로

정약용 영정
전라남도 강진군에서 만들어서 2009년 4월에 처음 공개한 정약용의 영정이란다. 김호석 화백이 그렸어. 경기도 남양주의 정약용 생가에 있는 영정과는 좀 다른 모습이야. 새 영정은 강진의 다산초당과 다산기념관에서 볼 수 있어. -다산기념관

거중기(모형)
거중기는 정조가 정약용에게 준 《기기도설》이라는 책에서 아이디어를 딴 것이었어. 《기기도설》은 명나라에 와 있던 스위스인 천주교 선교사 테렌츠와 명나라 학자 왕징이 같이 쓴 책이야. 원래 제목은 《원서기기도설녹최》란다.

정약용의 공부

정약용의 공부는 크게 두 가지였어. 하나는 사회 개혁을 위한 것, 다른 하나는 유학의 본래 정신을 탐구하는 것이었지. 당시 학자들은 중국 송나라의 주희가 집대성한 성리학만을 고집하고 있었어. 그러나 정약용은 성리학 이전의 유학, 즉 공자가 처음 창시했을 때의 유학으로 돌아가야 한다고 생각했단다. 공자의 유학으로 돌아가자는 것이야말로 실학의 가장 중요한 핵심이야.

부터 이익의 사상을 배울 수 있었단다.

정약용은 스물일곱 살에 과거에 합격하여 벼슬길에 나섰어. 당시 왕은 정조. 정조는 정약용을 무척 아끼고 믿었어. 정조의 사랑을 받으며 정약용은 13년 동안 여러 벼슬을 두루 거쳤단다.

그런데 정약용은 보통 관리들과는 상당히 달랐어. 그는 성리학을 깊이 공부했을 뿐 아니라 보통 관리들은 아예 관심을 두지 않는 건축, 수학, 의학, 지리, 과학에 이르기까지 두루 꿰뚫고 있었어. 그건 정약용이 실제 생활에 필요한 것에 관심을 두는 실학자 이익의 영향을 받았기 때문일 거야.

정약용은 정조의 야심작인 신도시 화성 건설과 화성 행차에서 중요한 역할을 맡았어. 정약용은 화성의 전체 밑그림을 그리고 성곽을 어떻게 쌓을 것인지, 어떤 시설을 갖출 것인지 등등 자세한 사항까지 계획했단다. 백성들의 일손을 덜어 주기 위해 무거운 돌을 들어올리는 거중기를 만든 건 그런 과정에서 나온 일이었어. 또, 한강에 배다리를 놓는 일에도 참여했어. 화성 행차 때 정약용은 병조 참의로서 처음부터 끝까지 참여했단다.

당시 권력을 쥐고 있던 노론들은 정조의 사랑을 받는 정약용을 시기하여 기회만 있으면 헐뜯었어. 그 무렵 정약용은 서학을 공부하고 있었어. 서학이 뭐냐고? 천주교를 비롯한 서양

문물을 말해. 서학은 청나라를 통해서 들어왔는데, 당시 나라에서는 서학을 금지하고 있었단다. 오직 성리학만이 올바른 것이며, 그 외의 것은 이단이라 하여 믿지 못하게 했어.

그러나 서학은 비밀리에 퍼져 나가고 있었어. 특히 노론에게 밀려난 남인들 사이에서 빠른 속도로 퍼져 나갔지. 서학을 종교로 믿지는 않아도 서양의 새로운 문물을 알게 해 주는 사상으로 여기고 공부 삼아 관심을 갖는 사람이 여럿 있었어. 이들은 서학에 관한 책을 읽으며 서양 문물에 대한 호기심과 궁금증을 채우곤 했단다.

정약용이 서학을 믿는다는 소문이 돌 때마다 정조는 그를 감싸고 두둔해 주었어. 그러나 정약용을 아끼고 보호해 주던 정조가 죽자, 정약용은 전라도 강진으로 귀양을 가게 되었어. 서학을 믿었다는

정약용 생가

정약용은 경기도 마재(지금의 경기도 남양주군 능내리)에서 태어났어. 사진은 정약용이 태어난 집이야. 한자로 '여유당'이라고 쓴 현판이 걸려 있구나. '與猶(여유)'는 《도덕경》이라는 책의 한 구절로서 '겨울 시내를 건너듯 머뭇거리고, 사방을 두려워하듯 망설인다'는 뜻이야.

다산 초당
전라남도 강진의 귤동 마을에는 정약용이 귀양살이를 했던 '다산 초당'이란 집이 있단다. 정약용이 18년 동안 귀양살이를 하면서 수많은 책을 쓴 곳이야. '다산'은 정약용의 호이고, '초당'은 초가집이란 뜻이야. 원래 초가집이었는데, 1958년에 다시 지으면서 기와를 이었단다.

정약전
정약용의 네 형제 중 둘째로, 서학을 믿었다는 죄목으로 남해안의 외딴섬에 귀양을 갔단다. 그는 신지도, 우이도, 흑산도를 떠돌며 귀양살이를 하면서 흑산도의 물고기와 수백 가지의 바다 생물들을 관찰하여 《자산어보》라는 책을 썼어. 《자산어보》는 《현산어보》라고도 하는데, 바다 생물에 관한 백과 사전이란다. 그는 1816년에 우이도에서 세상을 떠났어.

죄목으로 말야.

정약용뿐 아니라 서학을 가까이한 사람들이 줄줄이 잡혀갔지. 그런데 그건 실은 노론이 남인을 제거하기 위해 천주교를 믿는다는 죄목을 앞세운 것이었어. 아까도 말했지만, 천주교도 중에는 남인이 많았으니까.

정약용은 다행히 귀양 가는 것으로 그쳤지만, 셋째 형 약종과 매부 이승훈은 처형당하고, 이가환은 감옥에서 죽었으며, 둘째 형 약전은 흑산도로 귀양 갔다가 거기서 죽었단다.

정약용이 귀양살이를 시작했을 때는 마흔 살이었어. 귀양살이는 자그마치 18년 동안이나 계속되었단다. 18년이란 긴 세월 동안 정약용은 무엇을 했을까? 그는 백성들의 생활을 직접 눈으로 보고 귀로 들으며, 나라와 백성들을 잘살게 하려면 무엇을 어떻게 해야 할지 고민했어.

그의 생각에, 당시 조선이 안고 있는 근본 문제는 토지 제도, 세금 제도, 그리고 관리들의 부정부패였어. 이 문제들을 어떻게 해결해야 나라가 부강해지고 백성들이 잘살게 될까? 이 의문에 답하기 위해 정약용은 수많은 책을 읽으며 연구를 거듭했어.

마침내 정약용은 연구 결과를 책으로 썼어. 귀양살이 하는 몸으로는 직접 문제 해결에 나설 수 없으니, 책으로 써 두었다가 언젠가 쓰이기를 기대할 수밖에 없었던 거야. 그렇게 태어난 책이 《경세유표》, 《목민심서》, 《흠흠신서》란다. 이 세 권의 책을 '1표 2서'라고 해. 《경세유표》는 국가 제도를 바로잡는 방법을 쓴 것이고, 《목민심서》는 수령이 고을을 잘 다스리는 방법을 쓴 것이며, 《흠흠신서》는 형벌을 공정하게 처리하는 방법을 쓴 것이야. 정약용은 《목민심서》에서 이렇게 말했단다.

"수령이 백성을 위해 있는 것이지, 백성이 수령을 위해 생긴 것은 아니다."

그 밖에 정약용이 쓴 책은 5백 권이 넘어. 5백 권의 책에는 실학의 핵심이 총망라되어 있어. 그래서 정약용을 실학을 집대성한 사람이라고 한단다.

정약용이 귀양에서 풀려나 고향으로 돌아왔을 땐 이미 환갑을 바라보는 노인이었어. 그는 자기가 죽으면 관 속에 넣어 달라면서 이런 글을 남겼단다.

"6경과 4서로 몸을 닦고 1표와 2서로 천하 국가를 다스리는 것이니, 시작과 끝을 갖춘 것이다. 그러나 아는 자는 적고 꾸짖는 자는 많으니 만일 하늘이 허락하지 않는다면 횃불로 태워 버려도 좋다."

피땀 흘려 연구한 것이지만 쓰일 기회를 만나지 못한다면 차라리 불에 태워 버리는 편이 낫다고 안타까운 심정을 터뜨린 거야. 정약용은 다시는 벼슬에 나가지 못하고 일흔다섯 살에 세상을 떠났단다.

《여유당집》
다산 정약용의 글을 모아 놓은 문집이야. 《목민심서》를 비롯한 1표 2서부터 과학, 의학, 시에 이르기까지 정약용이 생전에 쓴 글들이 실려 있어. 여유당은 정약용의 집에 붙인 이름인 당호이기도 해.
-규장각한국학연구원

"재물은 백성의 피와 땀에서 나오는 것"

"재물이란 하늘이 내리는 것이 아니라 백성의 피와 땀에서 나오는 것이다. 백성이 부유하면 나라도 따라서 부유해진다. …… 국가에서 관리를 두는 것은 백성을 위하여 두는 것이다. 관리에게 그 직책을 물으면 백성의 부모라고 대답한다. 그러나 그 행적을 살펴보면 백성의 원수다. 백성이 지혜와 힘을 다해 지은 농사와 만든 물건으로 부모와 처자를 봉양하지 못하고 허리를 굽신거리며 원수에게 다 바치니, 이것은 다 익은 곡식을 참새가 쪼아 먹고 창고의 곡식을 쥐가 파먹는 것과 무엇이 다른가?"

《성호사설》 이익은 벼슬을 하지 않고 평생을 책과 함께 보냈단다. 지은 책으로 《성호사설》, 《곽우록》 등이 있어. ─규장각한국학연구원

실학자 이익이 쓴 《성호사설》에 나오는 이야기란다. 이익은 유형원과 마찬가지로 토지 제도의 개혁을 주장한 실학자야. 토지 제도가 바뀌어야 농업이 바로 서고, 농민 생활이 안정된다고 생각했어. 그러나 이익의 토지 제도 개혁안은 유형원과는 조금 달랐어.

이익은 한 집에 꼭 필요한 최소한의 토지 면적을 정해 놓자고 했어. 이 최소한의 토지를 '영업전'이라고 했단다. 그런 다음, 그보다 많이 갖고 있는 집은 새로 토지를 사들이지 못하게 하고, 부족하게 갖고 있는 집은 새로 토지를 사서 늘리게 하자고 했어. 이 제도를 오랜 시간에 걸쳐 실시하면 집집마다 영업전을 갖게 되어 토지 없는 농민이 사라질 것이며, 토지를 너무 많이 가진 자도 사라지게 되어 결국 평등한 상태가 될 거라고 했단다. 자, 유형원의 방법과 이익의 방법 중 어느 것이 더 좋을까? 그리고 어느 것이 더 실현 가능성이 클까?

이익의 사당과 묘 경기도 안산시에 있어.

이익은 당쟁을 없애는 방법도 제시했어. 그는 당쟁의 원인은 양반 숫자가 지나치게 많기 때문이라면서, 양반 숫자를 줄이고 양반이 누리는 특권도 없애자고 했단다. 또, 과거 시험 횟수와 합격자를 줄여 양반을 줄이고, 양반도 농민처럼 일하도록 해야 한다는 게 그의 주장이었어.

변화하는 농촌과 시장

1791년

"올해는 풍년이 들어야 할 텐데……."
모내기는 장점이 많은 농사법이지만, 커다란 단점이 있었어.
바로 물이야. 물이 없으면 옮겨 심은 모가 제대로 자라지 못한단다.
만약 모내기를 하는 5월에 비가 안 와서 가뭄이 들면 한 해 농사를 망치게 돼.
그런데 우리나라는 5월에 가뭄이 드는 경우가 많아.

1776년
조선 시대
정조 즉위, 규장각 세움

1780년
박지원,
청나라 여행하고 《열하일기》를 씀

1791년
육의전 이외의 금난전권 폐지

"모내기, 참 재미있었어."

체험 학습을 다녀온 세운이는 신이 나서 말했어.

"잠깐 하니까 재미있지, 하루 종일 해 보렴. 얼마나 힘들다고."

"그런데 모내기는 언제부터 했어? 조선 시대부터야?"

그렇단다. 왜란과 호란이 끝난 뒤부터 널리 퍼진 새로운 농사법이었어.

전쟁이 끝났을 때, 농민들에게 남은 것은 굶주림과 황폐해진 논밭뿐이었어.

그렇다고 농민들은 절망만 하고 있지 않았어.

다시 땅을 갈고, 한 톨이라도 더 많은 곡식을 거두기 위해 온갖 노력을 기울였단다.

그 노력 중의 하나가 바로 '모내기'였어.

모내기는 조선 시대의 농업에 커다란 변화를 일으켰어.

이 변화를 일으킨 주인공은 바로 농민들이었지.

변화는 농업에서만 일어난 게 아니었어. 상업에서도 커다란 변화가 일어났단다.

전국에 천여 개가 넘는 시장이 생기고, 물건을 사고파는 상업 활동이

활발하게 이루어졌어. 농촌과 시장은 매우 활기에 넘쳤단다.

그럼, 조선 시대 농업에 커다란 변화를 일으킨 모내기와 시장의 발달에 대해 알아보자.

1834년
염계달,
헌종 앞에서 판소리 공연

1836년
윤광연, 부인의 글을 모아
《정일당유고》 펴냄

1861년
김정호, 《대동여지도》 완성

1862년
진주에서 농민 봉기 일어남

모내기는 조선 시대의 새로운 벼농사 방법이었어. 모내기는 논에다 직접 볍씨를 뿌리는 것이 아니라, 모판을 따로 만들어서 거기에 씨를 뿌려 싹이 나면 적당한 때에 논에 옮겨 심는 거야. 모내기는 한자로 '이앙법'이라고 해. '모를 옮겨 심는 방법'이라는 뜻이지. 모내기를 하기 전에는 논에다 직접 볍씨를 뿌렸어. 이런 방법을 '직파법'이라고 한단다.

*移秧法
  옮길 이
  모 앙
  법 법

*直播法
  곧을 직
  뿌릴 파
  법 법

새로운 농사법, 모내기

오늘은 이순돌이네 논에서 모내기를 하는 날이야. 아침 일찍 이순돌이 서둘러 논에 나가니 이웃집 칠복이네, 영순이네, 용이네, 한수네들이 벌써 모여 있었어. 모내기는 짧은 시간에 집중적으로 해야 하기 때문에 한두 사람의 힘만으로

두레

두레는 농촌 마을에서 모내기나 김매기 같은 힘든 일을 공동 작업으로 하는 풍습을 말해. 또는 그런 공동 작업을 위해 만든 조직을 '두레'라고 한단다. 마을 사람 중에서 힘 세고 건강한 남자들이 두레의 구성원이 되었어. 공동 작업이 끝나면 농악을 연주하며, 한바탕 마을 잔치를 벌이기도 하지.

는 안 되거든. 그래서 가까운 이웃끼리 모여 하루는 이 집, 다음 날은 저 집, 이렇게 돌아가면서 모내기를 한단다. 이렇게 이웃끼리 힘을 모아 돌아가면서 일하는 것을 '두레' 또는 '품앗이'라고 해.

모내기를 하기 전에는 논에다 직접 볍씨를 뿌리는 '직파법'으로 농사를 지었다고 했지? 그런데 모내기는 직파법에 비해 커다란 장점이 있었어.

첫째, 모내기를 하면 김매는 횟수가 줄어들 뿐 아니라, 한번 김을 맬 때마다 들어가는 힘과 수고가 줄어들었어. 김매기가 뭐냐고? 농작물이 잘 자라도록 잡초를 뽑아 주는 일이야. 논에는 벼뿐 아니라 잡초도 자란단다. 벼가 먹고 자라야 할 영양분을 잡초가 빼앗아 가면 벼가 제대로 자랄 수 없지 않겠니?

모내기를 하면 직파법으로 농사를 짓는 것보다 잡초가 훨씬 적었어. 그래서 직파법을 쓰면 여름에 김매기를 네다섯 번 해야 하지만, 모내기를 하면 두세 번으로도 충분했단다. 한여름날, 쨍쨍 내리쬐는 뙤약볕 아래서 하는 김매기는 정말 힘든 일이거든. 땀 흘려 가며 김을 매 본 사람은 한두 번이라도 그 횟수를 줄일 수 있다는 것이 얼마나 다행스러운 일인지 잘 알고 있었어.

둘째, 이모작을 지을 수 있었어. 이모작은 같은 논에서 1년에 두 번 농사짓는 것을 말해. 가을에 벼를 거둬들인 다음 텅 빈 논에 보리를 심어서 다음 해 모내기 전에 거두는 거지.

직파법을 쓸 때는 보리 거두는 때와 볍씨 뿌리는 때가 안 맞아서 이모작을 할 수가 없었어. 벼는 음력 3월에 씨를 뿌려 음력 8월에 거두고, 보리는 음력 9월에 씨를 뿌려 이듬해 음력 4월에 거둬야 하기 때문에 한 달이 모자랐거든. 모내기를 하면 벼를 거두고 난 뒤부터 이듬해 5월까지 논이 비어 있게 되니, 그 사이에 충분히 보리를 심어 이모작을 할 수 있었어.

이모작으로 거둔 보리는 먹을 것이 떨어져 배를 굶주리는 봄철에 아주 요긴한 식량이 되었단다. '보릿고개'란 말 들어봤니? 지난해에 거둔 곡식은 다 떨어지고, 보리는 아직 익지 않은 봄철의 배고픈 시기를 보릿고개라고 해. 농민들은 주린 배를 참으며 들판에서 익어 가는 보리를 보고 희망을 품었어. '이 힘든 보릿고개만 넘으면 맛있는 보리밥을 먹을 수 있겠지.' 하면서 말야.

이순돌은 한참 모내기에 열중하다가 잠시 허리를 펴고 하늘을 쳐다봤어. 파랗게 갠 하늘이 무척 아름다웠어. 이순돌은 저도 모르게 중얼거렸단다.

〈세시풍속도〉
봄날 농촌 풍경이야. 쟁기 끄는 소, 열심히 일하는 사람들의 모습이란다. —동아대학교박물관

모내기 준비
모내기는 마을 사람들이 모여 집집마다 돌아가면서 한단다.
용두레로 물을 대는 것을 보니 다음번 차례인가 보다.
오줌장군에 거름을 담아 나르는 사람도 있네.
저만큼 새참을 이고 오는 아낙네가 보여.
농민들의 일손은 쉴 틈이 없단다.

"올해는 풍년이 들어야 할 텐데……."

모내기는 장점이 많은 농사법이지만, 커다란 단점이 있었어. 바로 물이야. 물이 없으면 옮겨 심은 모가 제대로 자라지 못한단다. 만약 모내기를 하는 5월에 비가 안 와서 가뭄이 들면 한 해 농사를 망치게 돼. 그런데 우리나라는 5월에 가뭄이 드는 경우가 많아.

사실, 모내기는 조선 초기에도 일부 지방에서 했던 적이 있었어. 그런데 나라에서 금지령을 내렸지. 그 까닭은 가뭄이 들면 꼼짝없이 농사를 망치기 때문이었어.

하지만 농민들은 가뭄을 이길 수 있는 대책을 세웠어. 곳곳에 저수지를 만들어 물을 저장해 뒀다가 모내기철에 가뭄이 들면 저장해 둔 저수지의 물을 끌어다가 논에 채우고 모내기를 했어. 물만 충분하면 모내기는 직파법보다 훨씬 이로운 농사법이었기 때문에 대부분의 농민들은 직파법을 그만두고 모내기를 하게 되었단다.

모내기는 또 하나 단점이 있었어. 이모작을 하기 때문에 땅의 영양분이 빨리 없어진다는 점이야. 영양분이 부족한 땅에서 자라는 곡식이 잘될 리 없지 않니? 농민들은 이 문제를 '거름주기'로 해결했어. 거름으로 모자라는 영양분을 보충해 준 거야.

용두레 낮은 데서 높은 곳으로 물을 퍼 올리는 도구야. 손잡이를 올려 홈통에 물을 퍼 담은 뒤 손잡이를 낮추어서 쏟아 붓지.

오줌장군 오줌과 똥 같은 거름을 담아 논밭으로 옮기는 도구야. 사람이나 짐승의 오줌과 똥은 훌륭한 거름으로 쓰였단다. 그래서 심지어 이웃집에 가서는 똥 누는 일도 없을 정도였어.

국립민속박물관

농민들의 지혜가 정말 놀랍지?

저수지와 거름주기가 아니었으면 모내기는 널리 퍼질 수 없었을 거야. 모내기는 저수지 시설과 거름주기의 발달과 함께 전국으로 퍼져 갔단다.

"이보게, 오늘은 이만 하세."

칠복이 할아버지의 말씀에 이순돌은 문득 정신을 차렸어. 어느새 해가 뉘엿뉘엿 지고 있었지. 내일이면 이순돌이네 모내기는 끝마치게 돼. 그럼 모레부터는 칠복이네 모내기를 시작해야지.

밭농사에서 찾은 희망

모내기를 하게 되면서 농민들은 직파법으로 농사를 지을 때보다 훨씬 힘이 덜 들었어. 시간도 많이 절약되었지. 직파법으로 농사지을 때보다 약 40퍼센트 정도 힘이 덜 들었단다. 직파법으로는 하루에 10시간 일해야 하던 농민이 모내기를 하면서부터는 하루 6시간만 일하면 되었던 거야.

남은 4시간은 무얼 했을까? 농민들은 여유가 생긴 힘과 시간을 낭비하지 않았어. 한 톨이라도 더 많은 곡식을 거두려고 애썼단다. 이모작을 하고, 밭농사에 힘을 기울이고, 또 재산이 좀 있는 농민은 땅을 사들여 논밭을 늘렸어.

모내기가 논농사에 새로운 바람을 일으키고 있을 때, 밭농사에도 새로운 바람이 일어났어. 밭농사도 예전과 다른 새로운 농사법을 쓰기 시작했어. 쟁기로 밭을 깊게 갈아서 이랑과 고랑을 만든 다음, 고랑에다 씨를 뿌리는 '골뿌림법'을 쓰게 된 거야. 골뿌림법은 한자로 '견종법'이라 하는데, 견종법으로 밭농사를 지으면 힘이 예전의 절반밖에 들지 않았어. 또 한겨울의 추위에도 씨가 얼어 죽지 않고, 한여름의 가뭄도 잘 이겨 냈단다. 김매기도 훨씬 쉬웠고.

밭농사는 농민들에게 새로운 희망을 안겨 주었어. 모내기로 한결 여유가 생긴 농민들은 전보다 밭농사에 더 많은 신경을 썼단다. 밭에다 면화나 담배, 채소 같은 것을 길러서 시장에 내다 팔면 논농사보다 더 많은 돈을 벌 수 있었거든.

논농사로 거두는 곡식은 시장에 내다 팔기 위한 것이 아니었어. 식구들이 먹을 한 해 식량, 그리고 땅 주인에게 땅을 빌린 값으로 바치는 소작료, 나라에 내는 세금, 다음 해에 농사지을 때 쓸 종자 등으로 쓰였지. 그런데 밭농사로 거두는 면화, 담배, 채소 등은 시장에 내다 파는 것이 목적이었어. 이렇게 시장에다 팔기 위해 농사짓는 것들을 어려운 말로 '상품 작물'이라고 해.

큰 도시 가까이에 자리 잡은 농촌에서는 채소를 길러 팔면 이익을 많이 남길 수 있었어. 도시에 사는 사람들이 사 먹으니까 말야. 미나리, 배추, 오이, 고추 같은 채소들이 인기가 좋았단다. 그러다 보니 어느 동네에서 나는 어떤 채소

*畎種法 밭고랑 견 / 씨 종 / 법 법

쟁기질하는 농민
김홍도가 그린 그림이야. 소 두 마리가 쟁기를 끌고 있구나. 쟁기는 오랜 옛날부터 사용해 온 농기구야. 쟁기로 땅을 깊게 갈아 준 다음에 씨를 뿌리면 곡식이나 채소가 더 잘 자란단다. 말이 끄는 쟁기도 있었어.
-국립중앙박물관

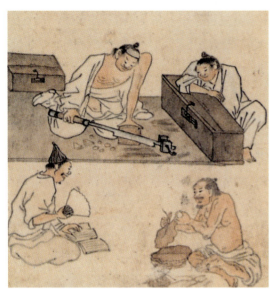

담배 썰기
한쪽에선 넓적한 담배 잎을 다듬고, 한쪽에선 작두로 담배 잎을 썰고 있어. 일하며 들으라고 재미난 책을 읽어 주는 것일까? 책을 앞에 놓고 있는 사람은 연방 부채질을 하고 있구나. 김홍도의 그림이야.
—국립중앙박물관

가 싱싱하고 맛있다는 소문이 나게 되었어. '왕십리의 배추와 미나리, 살곶이(지금 서울의 성수동, 노유동 부근)의 무' 이런 식으로 말야.

담배도 인기 좋은 상품 작물이었어. 담배는 임진왜란 후 우리나라에 들어왔는데, 요즘 같으면 어림없는 소리지만 당시에는 뱃속의 회충을 없애는 데 효력이 있다는 소문이 나서 남녀노소 할 것 없이 너도나도 담배를 피웠어. 자연히 담배 값이 상당히 비쌌겠지? 담배 농사는 잘만 하면 살림 걱정 없을 만큼 이익이 많이 남는 농사였단다.

각 지방의 특성에 맞는 특산물을 기르는 것도 괜찮았어. 한산의 모시, 전주의 생강, 강진의 고구마 등이 대표적인 지역 특산물이었어.

5일마다 열리는 시장

팔기 위해 농사짓는 것들을 '상품 작물'이라 한다 했지? 농민들이 상품 작물을 많이 기르게 되었다는 건 다시 말하면 물건을 사고파는 시장이 여러 곳에 있고 상업이 활발하게 이루어졌다는 뜻이야. 조선 후기에는 수도 한양뿐 아니라 전국 방방곡곡에 시장이 있었어. 18세기 중반, 전국에 있는 시장의 수는 천여 개가 넘었단다.

아, 그런데 당시의 시장은 요즘처럼 언제든지 갈 수 있는 곳이 아니었어. 요즘 시장은 정기 휴일을 빼고는 매일 열리기 때문에 필요할 때 언제든지 갈 수 있지만, 당시 시장은 매일 열리는 것이 아니라 정해진 날짜에만 열렸어. 대개는 5일마다 한 번씩 열렸기 때문에 '5일장'이라고 했단다. 시장이 열리는 것을 '장이 선다'고 했어.

'가는 날이 장날'이라는 속담 들어봤니? 뜻하지 않은 일을 때마침 만났을 때 하는 말이란다. 만약에 시장이 매일 섰다면 '가는 날이 장날'이란 속담은 생기지 않았을 거야.

그럼, 사람들이 급히 사야 할 물건이 있을 땐 어떻게 했을까? 장이 서는 다른 마을까지 가야 했어. 가까운 마을끼리는 장이 서는 날을 겹치지 않도록 다르게 잡아 놓았기 때문에 다리품을 좀 팔면 원하는 물건을 살 수 있었지.

시장은 물건을 사고파는 곳일 뿐 아니라, 만남의 장소이기도 했어. 지금처럼 전화나 인터넷이 없던 시절이라 멀리 사는 친구는 장이 서는 날 장터에서나 만날 수가 있었어.

시장은 정보 교환의 장소이기도 했어. 오랜만에 만난 반가운 친구나 친척과 마주 앉아 국수나 국밥을 먹으면서 이런저런 소식을 주고받았단다. 요즘도 음식점

시장의 역사

시장은 아주 오랜 옛날부터 있었어. 《삼국사기》에는 5세기 신라 때 경주에 '경사시'라는 시장이 있었다고 쓰여 있단다. 고려 때에도 수도 개경에 크고 작은 가게들이 늘어선 시장이 있었지. 시장은 처음에는 물건과 물건을 맞바꾸는 물물 교환이었다가 차츰 돈으로 물건을 사고파는 것으로 바뀌었단다.

| 한양 근처의 5일장 |

시장
옛날이나 지금이나 시장은 사람들로 북적거리고 활기가 넘치는 곳이야. 조선 시대의 장날은 마치 축제 같았어. 특별히 살 물건이 없어도 장터에 나가 여러 가지 물건을 구경하고, 오랜만에 만나는 친구와 따끈한 국밥 한 그릇을 나눠 먹으면 기분이 참 좋았을 거야. 김준근의 풍속화 〈시장〉이란다.

에 장터 국수나 장터 국밥을 파는 걸 보면 장터는 반가움과 그리움이 스며들어 있는 말인가 보다.

장터는 떠들썩한 축제 마당이기도 했어. 볼거리 많고, 먹을거리도 푸짐한 축제 말야. 손님을 끌기 위해 탈춤이나 줄타기 같은 놀이 마당이 한바탕 벌어지기도 했단다.

그런가 하면 장터는 집회나 모임의 장소로도 이용되었어. 여러 사람이 모이기에 장터만큼 좋은 곳은 없었으니까 말야. 조선 후기에 일어난 여러 농민 봉기의 첫발은 으레 장터에서 시작되었단다.

장터를 돌아다니는 장돌뱅이들

장돌뱅이
장돌뱅이는 '봇짐장수', '등짐장수', '보부상'이라고도 불렸어. 보부상이란 '보상'과 '부상'을 합쳐 부르는 말인데, 부상은 물건을 지게에 지고 다니면서 파는 등짐장수를 말하고, 보상은 물건을 보자기에 싸서 들고 다니거나 질빵에 걸머지고 다니며 파는 봇짐장수를 말한단다.

장터에서 물건을 파는 사람들 중에는 자기가 직접 기른 채소나 곡식을 갖고 나와 파는 농민도 있었지만, 장사만 전문으로 하는 장사꾼도 있었어. 이들은 장이 서는 곳마다 돌아다니면서 물건을 팔았단다. 오늘은 이 장터, 내일은 저 장터를 돌아다니며 장사를 했지. 이런 장사꾼들을 '장돌뱅이'라고 불렀어.

장돌뱅이들은 무슨 물건을 팔았을까? 면이나 모시 같은 옷감, 어물, 소금, 무쇠 그릇, 나무 그릇, 대바구니 등등 생활필수품부터 값나가는 물건에 이르기까지 아주 다양한 물건을 팔았어.

이웃 마을로 떠나는 장돌뱅이들
아랫마을에 섰던 장이 끝나고, 산을 넘어 이웃 마을로 가고 있어.
힘들긴 해도 다음 장에서는 물건을 더 많이 팔게 해달라는
소원을 빌며 걷고 있을 거야.

장돌뱅이 중에는 간혹 부유한 사람도 있었지만, 대부분은 집조차 없는 가난뱅이였단다. 집조차 없는 장돌뱅이들은 아내와 아이들까지 데리고 이 마을 저 마을로 떠돌아다니면서 장사를 했어. 참 고단한 삶이었을 거야.

김홍도의 〈주막〉 - 국립중앙박물관

❗ '시전'과 '난전'

한양에는 '시전'이라고 하는 특별한 가게들이 있었어. 한양에서 물건을 팔고 싶은 사람은 직접 손님에게 물건을 파는 것이 아니라, 일단 시전에 넘겨야 했단다. 시전을 무시하고 직접 손님에게 물건을 팔면 '난전'이라 해서 시전 상인들에게 물건을 빼앗기고 벌을 받거나 벌금을 물어야 했단다. 어머니가 위독해서 급히 약 살 돈을 구하려고 집에서 짠 삼베 한 필을 들고 나가 팔려다가는 시전 상인이 득달같이 나타나 난전이라면서 마구 두들겨 패고 삼베까지 빼앗아 가는 거야. 이런 일들이 하루에도 몇 번씩 일어났어.

시전이 가진 이런 특별한 권리를 '금난전권'이라고 해. 난전을 금지할 권리라는 뜻이지. 금난전권은 나라에서 시전에게 준 권리였어. 왜 그런 특권을 주었을까? 시전이 궁궐이나 관청에서 필요한 물건, 외국에 선물로 보내는 물건 등을 바치는 대가로 금난전권을 준 거야.

시전 중에서도 규모가 큰 6~8개의 시전을 '육의전'이라고 했어. 육의전은 비단을 파는 선전, 모시를 파는 저포전, 명주를 파는 면주전, 면직물을 파는 면포전, 모직물을 파는 청포전, 어물을 파는 어물전, 종이를 파는 지전 등이었단다. 육의전은 대부분 운종가(지금의 서울 종로)에 모여 있었어.

그런데 장터를 돌아다니는 장돌뱅이들 덕분에 새로운 길이 자꾸 생겨났어. 조령과 죽령을 잇는 길, 청주와 상주를 잇는 고갯길, 괴산과 문경을 잇는 이화령길, 함경도의 삼방길, 설운령길 등등이 생겨났지.

이런 길목에는 어김없이 주막이 있었어. 길 가던 장돌뱅이들은 주막에 들러 허기진 배를 채우고, 해진 짚신을 갈아 신으면서 지친 다리를 쉬었단다. 그러다 해가 저물면 주막집의 허름한 봉놋방에서 고단한 몸을 누이고 잠을 청했어. 다음 날 해가 뜨면 다시 길을 떠났지. 길을 가다 힘이 들고 적적하면 노래를 부르며 마음을 달래기도 했어.

자, 장돌뱅이들이 즐겨 불렀던 노래를 들어 보렴.

*亂廛 어지러울 난 가게 전

짚신에 감발 치고 패랭이 쓰고
꽁무니에 짚신 차고 이고 지고
이장 저장 뛰어가서
장돌뱅이 동무들 만나 반기며
이 소식 저 소식 묻고 듣고
목소리 높이 고래고래 지르며
비가 오나 눈이 오나 외쳐 가며
돌도부 장사하고 해 질 무렵
손 잡고 인사하고 돌아서네
다음 날 저 장에서 다시 보세

등짐장수
지게에 질그릇을 잔뜩 진 장돌뱅이가 잠깐 다리쉼을 하고 있구나.

어의가 쓴 요리책 《산가요록》

어의는 임금의 병을 치료하는 의사야. 의사 중에서도 최고의 벼슬과 대우를 받는 의사란다. 《산가요록》은 세조의 어의였던 전순의가 쓴 요리책이야. 어의가 요리책을 쓰다니, 이상하다고? 그건 음식이야말로 가장 좋은 약이라고 생각했기 때문이란다. 조선 시대 사람들은 약으로 병을 치료하는 의사보다는 음식으로 병을 치료하는 의사가 더 훌륭한 의사라고 생각했어. 그러니까 어의 전순의가 쓴 요리책은 단순한 요리책이 아니라 의학책이기도 해.

음식으로 병을 치료하는 것을 어려운 말로 '식치'라고 해. 세종은 소갈증이란 병을 앓았는데 이것은 지금의 당뇨병이라고 생각돼. 어의는 세종에게 약보다는 음식으로 치료해야 한다면서 소갈증에 좋으니 닭고기와 꿩고기를 먹으라고 권했단다. 그 밖에 식치를 위해 왕이 먹는 특별식으로 약밥, 콩장, 전약 등이 있었어.

《산가요록》을 비롯하여 조선 시대 요리책들은 의학책인 동시에 먹을 것에 대한 모든 것을 다룬 음식 백과사전이요, 각종 농작물을 심고 가꾸는 법을 다룬 농학 백과사전이기도 해.

《산가요록》에는 한겨울에 채소를 가꾸는 방법이 소개되어 있단다. 지금으로 치면 온실 재배야. 요즘처럼 비닐을 덮어씌워 만든 비닐하우스가 아니라, 흙집을 짓고 남쪽에 창문을 내어 햇볕을 담뿍 받게 하고 바

음식 만드는 모습
70세 넘은 어머니를 모시고 있는 관리들이 어머니를 위해 잔치를 열었어. 이 잔치를 경수연이라고 해. 한쪽에선 잔치가 열리고 한쪽에선 바삐 음식을 만들고 있구나. 조선 시대 사람들은 음식이 곧 약이라고 생각했단다. -고려대학교박물관

닥에는 온돌을 깐 온실이란다. 지금으로부터 550여 년 전, 온실이 있었다니 놀랍지 뭐냐. 이것은 세계 최초의 온실로 알려져 있는 독일의 온실보다 약 170년 앞선 것이란다.

피어나는 서민 문화 　1834년

판소리는 천민들로부터 시작된 것이었어.
판소리 광대들은 사람들이 많이 모이는 시장, 농촌 마을을 찾아다니며 공연을 했단다.
그런데 판소리가 무척 재미있다는 소문이 나면서 부잣집 잔치에 불려가 공연을 하는 기회가 많아졌어.
차츰 양반들도 판소리를 좋아하게 되었지.
그러다 양반 중에서 직접 판소리를 하는 사람까지 나왔단다.

1776년
조선 시대
정조 즉위, 규장각 세움

1780년
박지원,
청나라 여행하고 《열하일기》를 씀

1791년
육의전 이외의 금난전권 폐지

1834년
염계달,
헌종 앞에서 판소리 공연

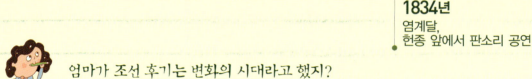

엄마가 조선 후기는 변화의 시대라고 했지?
당시에 일어난 여러 가지 변화 중에서 특히 눈에 띄는 것은
백성들이 문화와 예술의 주인공으로 등장한 일이란다.
백성이 주인공이 된 문화와 예술을 '서민 문화'라고 해.
이전까지의 양반 중심 문화와 구별하는 뜻으로 그렇게 부른단다.
서민 문화가 등장하기 전까지 문화와 예술은 양반들의 독차지였어.
백성들은 문화와 예술을 즐길 만한 여유가 없었지.
그런데 농업과 상업이 발달하면서 생활에 조금이나마 여유를 갖게 된 백성들은
문화와 예술에 관심을 갖게 되었어. 당시 유행한 서민 문화에는 어떤 것이 있었을까?
판소리, 한글 소설, 탈춤, 민화 등이 있단다.
서민 문화는 양반 문화와 다른 특징을 갖고 있어.
백성들의 생각과 감정을 솔직하게 표현하고 있다는 것,
그리고 잘못된 사회 현실을 꼬집으면서도 우울하거나 절망스럽지 않고
아주 유쾌하다는 거야. 요즘 말로 하면 유머가 넘친다고나 할까.
자, 그럼 서민 문화의 모습을 들여다보자.

1836년
윤광연, 부인의 글을 모아 《정일당유고》 펴냄

1861년
김정호, 《대동여지도》 완성

1862년
진주에서 농민 봉기 일어남

● 18세기 말, 한양 동대문 밖에 한 남자가 살았는데, 이 사람의 직업은 소설을 읽어 주는 것이었어. 이 남자는 매일 장소를 바꿔 가며 사람들을 모아 놓고 소설을 읽었단다.

그냥 읽는 것이 아니라 구연동화를 할 때처럼 목소리와 몸짓까지 섞어 가며 아주 실감나게 읽었어. 그러다가 주인공이 위기에 빠지거나 얘기가 절정에 이르면 갑자기 말을 뚝 끊는 거야. 그러면 얘기를 듣던 사람들이 안달이 나서 돈을 던져 주며 빨리 계속하라고 성화를 했지. 남자는 마지못한 듯 다음 이야기를 이어 가곤 했단다. 이렇게 소설을 읽어 주는 사람을 '전기수'라고 했어.

청계천에 등장한 전기수
새로 복원한 청계천에서 조선 시대의 전기수를 재현하고 있구나. 전기수는 책 읽어 주는 사람이야. 몸짓을 섞어 가며 흥을 돋우는 전기수의 얘기를 듣고 있으면 어느새 이야기 속에 푹 빠지게 돼.

책쾌 조신선

서점이 거의 없었던 조선 시대에는 이집 저집 돌아다니며 책을 파는 책장수들이 있었어. 이들을 책쾌, 또는 서쾌라 했단다. 조신선은 정조 때 이름난 책쾌야. 그는 소매나 옷 속에 책들을 숨겨 갖고 다니다가 사겠다는 사람을 만나면 한권 한권 꺼내 놓았는데 어디서 그 많은 책들이 나오는지 정말 신기했단다. 그리고 그는 언제나 뛰어다녔어. 골목길로, 시장으로, 관청으로 나는 듯이 뛰어다니며 책을 팔았어. 붉은 수염에 나이도, 사는 곳도 도무지 알 수 없는 그를 사람들은 신선이라 불렀단다.

귀로 듣는 한글 소설

전기수들이 즐겨 읽은 책은 주로 《심청전》, 《숙향전》, 《설인귀전》 등이었어. 대부분 한글로 쓴 소설이었지. 전기수들은 소설을 읽다가 구경꾼의 반응과 분위기를 보아 그때그때 즉석에서 이야기를 꾸며 넣기도 하고 내용을 슬쩍 바꾸기도 했어. 그러다 보니 소설의 내용은 자꾸 바뀌어 갔단다.

그래서 한글 소설은 같은 작품이라도 내용이 조금씩 다른 경우가 많아. 오늘날 전해 오는 《춘향전》만 보아도, 큰 줄거리는 같지만 세밀한 부분은 조금씩 다른 여러 종류의 《춘향전》이 있단다.

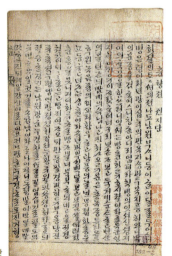

여러 종류의 《춘향전》
한글 소설은 대개 작품의 지은이가 분명하지 않아. 또, 같은 작품이라도 내용이 조금씩 다른 경우가 많아. 그 까닭은 처음부터 끝까지 한 사람이 쓴 것이 아니라, 여러 사람의 입에서 입으로 전해지면서 조금씩 바뀌어 가며 만들어진 공동 작품이기 때문이야. 사진은 여러 종류의 《춘향전》이야. 왼쪽은 안성판 《춘향전》, 오른쪽은 《열녀춘향수절가》란다.

국립중앙도서관   국립중앙박물관

앞에서 얘기한 전기수처럼 길거리에서 소설을 읽어 주는 사람이 있는가 하면, 집집마다 돌아다니면서 책을 읽어 주는 사람도 있었어. 또, 소설책을 갖고 다니며 팔거나 돈을 받고 빌려 주는 사람도 있었지. 이들은 인기 있는 책들을 보따리에 싸들고 이집 저집 돌아다녔단다. 요즘으로 치면 이동식 도서 대여점인 셈이야.

한글 소설의 애독자는 여자들이었어. 양반 집 딸들, 돈 많은 상인이나 역관집 딸들이 한글 소설을 열심히 읽었단다. 어떤 책들이 인기를 누렸을까? 《콩쥐팥쥐》, 《장화홍련전》, 《숙향전》, 《홍길동전》 등이었어. 원래 한문으로 쓴 것이었는데 한글로 번역된 것도 있고, 처음부터 한글로 쓴 소설도 있었어. 판소리로 유명해진 작품이 한글 소설로 쓰인 경우도 있었지. 《흥부전》, 《심청전》, 《춘향전》 등이 그것이란다.

이런 한글 소설들은 지은이가 알려져 있지 않아. 한글 소설은 눈으로 읽기보다는 구연동화처럼 귀로 듣는 소설이었거든. 여러 사람의 입을 통해 전해지다 보면 조금씩 바뀌기 마련이기 때문에 확실한 지은이가 없는 거야.

책 읽는 여인

책을 읽고 있는 여인의 모습이야. 여인의 옆에서 작은 새 한 마리가 친구가 되어 주고 있구나. −서울대학교박물관

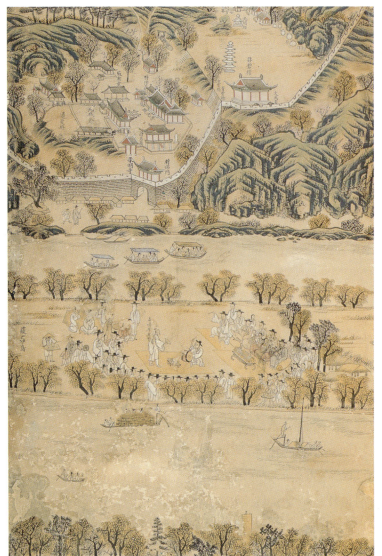

〈평양도〉 10폭 병풍 중 판소리 장면
평양의 경치 좋은 곳을 그린 병풍이야. 중요한 지명과 건물 이름을 써넣어서 지도의 역할도 해. 그림은 평양 대동강의 섬 능라도에서 명창 모흥갑이 판소리를 벌이는 장면이야. 판소리의 '판'은 씨름판, 장사판처럼 어떤 일이 벌어진 자리를 말하고, '소리'는 노래라는 뜻이지. —서울대학교박물관

양반의 세계로 다가간 판소리

판소리는 전라도 지방에서 유행하던 '무가'에서 시작되었다고 해. 무가는 무당이 굿을 할 때 부르는 노래란다. 무당이 굿을 할 때는 곁에서 악공들이 장구, 북, 꽹과리 같은 악기로 반주를 하지 않니? 무당이나 악공 중에서 목청이 좋은 사람은 소리를 하는 소리 광대가 되고, 그렇지 않은 사람은 반주를 맡는 고수가 되었다고 해.

세운이도 잘 알다시피 조선 시대에 무당이나 광대는 천민이란다. 이들은 노비와 마찬가지로 천대를 받았어. 판소리는 천민들로부터 시작된 것이었어.

판소리 광대들은 사람들이 많이 모이는 시장, 농촌 마을을 찾아다니며 공연을 했단다. 그런데 판소리가 무척 재미있다는 소문이 나면서 부잣집 잔치에 불려가 공연을 하는 기회가 많아졌어. 차츰 양반들도 판소리를 좋아하게 되었지. 그러다 양반 중에서 직접 판소리를 하는 사람까지 나왔단다. 권삼득이란 사람은 양반이었는데, 판소리를 매우 잘해서 '명창'이라고 불렸어.

요즘 노래 잘하는 가수는 청소년들의 우상이잖니? 당시에도 명창으로 소문난 사람은 인기가 대단했어. 권세 있는 양반집에서 잔치를 할 때면 당대의 명창을 불러다 판소리 공연을 벌이곤 했단다.

*名 이름 명
 唱 부를 창

양반집 마당에서 판소리 하는 소리꾼
부잣집 잔치에서 소리판이 벌어졌어.
음식상을 받은 손님들 앞에서 부채를 든 소리꾼이 소리를 하고 있구나.
북 치는 고수는 장단을 맞추고, 담 너머에 구경꾼이 가득해.

신재효 생가
신재효는 전라도 고창의 관리였어. 그는 재산이 꽤 많았는데, 판소리 광대들의 후원자 노릇을 했단다. 그의 영향력은 "어떤 광대도 신재효를 무시하고는 명창의 대열에 설 수 없다."고 할 만큼 컸다고 해. 사진은 전라북도 고창에 있는 신재효가 살던 집이야.

임금 앞에 불려가 공연을 하고 상으로 벼슬을 받은 사람도 있어. 염계달이란 명창은 헌종 임금 앞에서 공연을 하고 '동지'라는 벼슬을 받았단다. 흥선 대원군도 판소리를 무척 좋아했어. 명창 박만순과 정춘풍은 흥선 대원군에게 벼슬을 받은 명창이야.

판소리는 시작은 서민 세계였지만, 시간이 갈수록 양반 세계에서 인기를 끌면서 차츰 변해 갔어. 노랫말에 양반들에게 맞는 한문 투의 표현이 많아지고, 주제도 '충, 효, 절개'처럼 양반들이 강조하는 성리학의 윤리 도덕에 초점을 맞춘 것으로 바뀌었어.

판소리를 더더욱 양반의 세계에 다가가도록 한 사람은 신재효였단다. 신재효는 그때까지 입에서 입으로 불려 오던 여러 종류의 판소리를 여섯 마당으로 정리하고, 내용도 양반의 입맛에 맞도록 다듬었어. 그가 정리한 판소리 여섯 마당은 《심청가》,《흥부가》,《춘향가》,《수궁가》,《적벽가》,《변강쇠타령》이란다.

서민의 세계를 표현한 탈춤

판소리가 양반의 세계로 다가간 것과는 달리, 서민의 세계를 그대로 표현한 건 탈춤이었어. 탈춤은 '탈놀이'라고도 해. 오늘날 전해 오는 탈춤으로는 경북 안동 하회 마을의 하회 탈놀이를 비롯해서, 북청 사자놀이, 황해도 봉산 탈춤, 통영 오광대놀이 등이 있단다.

탈춤에는 서민들의 생각과 감정이 잘 녹아 있어. 봉산 탈춤의 한 대목을 볼까? 주인공 말뚝이가 양반을 마구 공격하는 대목인데, 허울만 번지르르하고 체면 차리기를 좋아하는 양반을 속시원하게 비꼬는 장면이란다.

말뚝이: 쉬이, 양반 나오신다! 양반이라고 하니까 노론, 소론, 호조, 병조, 옥당을 다 지내고, 삼정승, 육판서를 다 지내고, 퇴로 재상으로 계신 양반인 줄 아지 마시오. 재갈량이라는 '양' 자에 개다리 소반이라는 '반' 자를 쓰는 양반이 나오신다는 말이오.

양반: 야, 이놈 뭐야?

말뚝이한테 꼼짝없이 당하는 양반을 보면서 구경꾼들은 배꼽을 잡으며 통쾌해했어. 탈춤은 언제, 어떻게 시작되었을까? 탈춤

봉산 탈춤
말뚝이(왼쪽)가 신명나게 한판 놀고 있구나.

● **여러 가지 탈** —서울대학교박물관
양주별산대놀이에 쓰이는 탈이야.
바가지로 만든 바가지탈이란다.

애사당

노장

포도부장

음중

은 농촌에서 마을마다 풍년을 기원하며 드리던 동네 굿에서 시작되었다고 해. 풍년을 기원하는 굿판이 벌어지면 제사를 드린 다음 한바탕 탈춤 마당을 열어 사람들의 흥을 돋우었던 거야.

농촌에서 시작된 탈춤이 있는가 하면, 산대놀이처럼 상업이 발달한 도시를 중심으로 발전한 탈춤도 있어. 산대놀이는 그것을 전문으로 하는 산대놀이패가 따로 있었단다. 산대놀이패는 국가의 공식 행사에 나가 공연을 하기도 했어. 매년 섣달 그믐날, 궁궐에서 나쁜 귀신을 쫓는 '나례희'를 벌일 때면 산대놀이패가 나가 공연을 했지.

탈춤 외에 꼭두각시놀음, 발탈도 서민 문화의 하나였단다. 꼭두각시놀음은 인형에 줄을 매어 조종하면서 하는 놀이고, 발탈은 사람의 발에다 탈을 씌워서 하는 놀이야. 꼭두각시놀음과 발탈은 주로 사당패들이 공연했어. 사당패는 이곳저곳 돌아다니면서 재주를 팔아 먹고사는 떠돌이 놀이패였단다.

꼭두각시놀음
인형에 줄을 매어 무대 뒤에서
사람이 조종하면서 하는 인형극이야.
어린이들에게 인기가 아주 좋았어.

백성들의 그림 '민화'

*民 백성 민
畫 그림 화*

그림은 조선 시대 양반들이 갖춰야 할 필수 교양이었단다. 그래서 양반집 사랑방에는 으레 우아한 산수화가 그려진 병풍이 서 있기 마련이었지.

양반으로서 뛰어난 그림을 남긴 사람도 여럿 있었어. 강세황, 윤두서, 정선, 김정희 들이 대표적이야. 그러나 이들은 그림 그리는 것을 직업으로 삼거나 스스로를 화가라고 생각하지 않았어. 이들에게 그림은 그저 교양일 뿐이었지.

그림 그리기를 직업으로 삼은 사람들은 따로 있었어. 바로 '도화서'라는 관청에 속해 있으면서 나라에서 필요한 그림을 그렸던 '화원'이야. 화원들은 왕의 초상화나 각종 의식과 행사의 주요 장면을 그림으로 그렸단다. 세운이가 잘 아는 김홍도도 도화서 화원이야. 화원은 양반이 아니라 중인 신분이었지.

그런데 그림에서도 변화가 나타나기 시작했어. 조선 후기에 이르러, 평범한 사람들 중에서 그림 그리기를 직업으로 삼는 화가들이 나타난 거야. 이들을 '서민 화가'라 하고, 이들이 그린 그림을 '민화'라고 해. 민화는 글자 그대로 뜻을 풀이하면 '백성들의 그림'이란다.

민화는 양반이나 도화서 화원들의 그림처럼 세련되고 고급스럽지는 않지만, 백성들의 생활과 감정을 잘 표현하고 있어서 훨씬 친근하게 느껴진단다. 어떤 그림이 있냐고? 나쁜 귀

진경 산수화와 풍속화

조선 후기 그림에서 가장 두드러진 변화는 진경 산수화와 풍속화의 유행이야. 진경 산수화는 우리의 자연을 사실적으로 표현하였고, 풍속화는 당시 서민과 양반들의 생활 모습을 생동감 있게 그렸단다.

● **여러 가지 민화** —국립민속박물관

모란괴석도 바위에 모란꽃이 피어 있는 민화야. 주로 병풍으로 쓰였단다.

작호도 호랑이와 까치를 그린 민화구나. 호랑이는 나쁜 귀신을 쫓아낸다 해서 민화에 자주 등장하는 주인공이지.

문자도 한자를 변형시킨 그림을 문자도라고 해. 한자의 '義(의)'와 '禮(예)'를 이용해 그림을 그렸어.

 신을 쫓아내는 호랑이 그림, 자식 많이 낳으라는 석류 그림, 공부 열심히 하라는 책거리 그림, 사이 좋은 부부가 되라는 원앙새 한 쌍…….

 민화에는 아들딸 많이 낳고 먹을거리 걱정 없이 오순도순 행복하게 살고 싶은 서민들의 소망이 그대로 표현되어 있어. 그래서인지 민화에는 어둡고 칙칙한 색깔이 거의 쓰이지 않았어. 알록달록 화려한 원색이 쓰였단다.

 민화를 그린 서민 화가들은 자기 작품에 이름을 남기지 않았어. 왜일까? 서민 화가들은 재주는 타고났지만 생활 형편이 어려운 사람들이었어. 그들은 장터나 사람들이 많이 모이는 곳을 찾아 여기저기 돌아다니며 사람들이 원하는 그림을 그려 주었지. 그리고 대가로 먹을 것과 잠자리를 얻었어. 자기 그림에 이름을 남기지 않은 이유는 그 때문이 아닐까?

민화를 사는 사람들은 서민 중에서도 제법 여유가 있는 사람들이었어. 집안을 장식할 그림이 필요하긴 한데 양반처럼 고급스러운 작품을 살 돈은 없어 대신 민화를 사서 벽에 걸거나 병풍으로 만들어 방에 두었던 거야.

사회 변화가 낳은 서민 문화

18세기 들어 백성을 주인공으로 하는 문화 예술이 등장하게 된 데는 그만한 까닭이 있어. 이제 그 까닭을 살펴보자.

탈춤에는 흔들리고 있던 당시 신분 제도와 몰락한 양반들의 처지가 잘 표현되어 있어. 당시에는 돈 주고 양반 신분을 사는 사람들이 늘어나고 있었단다. 재산을 모은 농민이나 중인들은 어떻게 해서든 양반이 되려고 했어. 왜 양반이 되려고 했는 줄 아니? 천대받고 무시당하기 싫은 이유도 있지만, 가장 큰 이유는 세금을 면제받았기 때문이야. 양반은 나라에 세금을 내지 않아도 되었거든.

또, 당시 나라에서는 돈이나 쌀을 받고 양반 증서를 팔고 있었어. 어려운 나라 살림을 채워

*空名帖 빌 공 이름 명 문서 첩

공명첩
'공명'은 이름 쓰는 곳이 비어 있다는 뜻이야. 사진을 보렴. 이름 쓰는 곳이 비어 있지? 공명첩은 돈 내고 산 사람의 이름을 빈 곳에 적어 넣는 양반 증서란다. 사람들이 공명첩을 산 이유는 양반이 되면 세금을 면제받을 수 있기 때문이었어.
—삼척시립박물관

<춘향전도>
조선 시대에 그려진 그림으로 춘향과 어사가 된 몽룡이 만나는 장면이야. -경희대학교박물관

보려고 그랬던 거지. 이때 돈이나 쌀을 내고 사는 양반 증서를 '공명첩' 또는 '납속책'이라고 했어.

공명첩을 사서 양반이 된 사람이 있는가 하면, 명색만 양반일 뿐 농민과 다름없이 가난하고 별 볼일 없는 몰락한 양반도 수두룩했어. 그 까닭은 벼슬을 하는 한양 양반과 그렇지 않은 시골 양반 사이에 격차가 매우 심해졌기 때문이야.

양반의 전체 숫자는 전에 비해 늘었지만, 그 권위는 땅에 떨어졌어. 거드름만 피울 뿐 양반으로서의 책임과 의무는 다하지 않는 양반답지 않은 양반도 늘어갔어. 그렇게 되자 백성들은 내심 양반을 우습게 보게 되었단다. 말뚝이에게 무시당하는 양반의 꼬락서니는 바로 백성들의 그런 마음을 표현한 거야.

신분 제도의 변화는 《춘향전》에도 나타나 있어. 《춘향전》은 기생의 딸 춘향과 양반집 도령 이몽룡이 신분의 벽을 넘어 사랑을 이룬다는 내용 아니냐. 소설에서 춘향이는 암행어사가 된 이몽룡의 정식 부인이 되고 왕에게 정렬부인이라는 칭호까지 받지만, 현실에서 그건 불가능한 일이었어. 기생의 딸은 천민 신분이기 때문에 양반의 정식 부인이 될 수 없었거든. 첩이라면 몰라도. 그런데 백성들은 신분의 높은 벽을 과감히 허물어뜨려 버린 거야. 비록 소설에서지만 말이다.

서민 문화는 당시 사회가 맞은 여러 변화들이 낳은 작품이었다는 것을 이제 알겠지?

 ## 사물놀이

전통 음악의 대명사처럼 되어 있는 사물놀이는 1978년부터 시작된 것이야. '사물놀이'라는 이름을 내건 한 연주단이 그 출발이 되었지. 사물놀이는 '꽹과리, 징, 장구, 북'의 네 가지 악기로 연주해.

그런데 '사물'은 원래 불교에서 나온 말이란다. 불교에서 의식을 치를 때 사용하는 네 가지 기구, 즉 '법고, 운판, 목어, 범종'을 '사물'이라고 해.

법고는 북을 말하고, 운판은 뭉게구름 모양의 얇은 금속판인데 두드리면 맑고 은은한 소리가 나. 목어는 나무로 만든 물고기를, 범종은 종을 말해. 불교의 사물이 어느 틈엔가 꽹과리, 징, 장구, 북을 가리키는 말로 바뀐 거야.

그럼 사물놀이가 등장하기 전에는 전통 음악을 무엇이라고 불렀을까? '농악' 또는 '풍물'이라고 불렀단다.

목어와 법고
'사물'은 원래 불교에서 나온 말이야. 사진은 사물 중에서 나무로 만든 물고기인 목어와 북을 말하는 법고란다.

시 쓰는 노비, 이단전

조선 시대에 시는 신분 높고 학식 많은 사람들의 것이었어. 밭 가는 농부나 여염집 아낙들은 시를 쓸 줄도 읽을 줄도 몰랐단다. 아, 이때의 시는 한자로 쓴 한시를 말해. 그런데 한시를 쓰는 노비가 있었어. 이름은 이단전. 정조 때 사람으로 유씨 집안의 노비였지.

이단전은 어려서부터 글공부에 관심이 많았어. 주인집 도련님들이 글공부를 할 때 몰래 엿들으며 도둑 공부를 했단다. 이단전은 낮에는 일하고 밤이면 불을 밝히고 앉아 시를 쓰고 또 썼어. 그런 다음 유명한 시인이나 학자들을 찾아다니며 평을 해 달라고 했어. 실학자요 이름난 시인인 이덕무를 찾아가서 배우기도 했지. 그러기를 10여 년, 이단전의 시는 몇몇 양반들이 인정해 줄 정도가 되었단다.

하지만 이단전을 바라보는 양반들의 시선은 여전히 싸늘했어. 천한 노비 주제에 시를 쓴다니 가당찮다고 생각한 거지. 게다가 이단전은 외모도 형편없었어. 몸집은 아주 작고 애꾸눈에 곰보였단다. 말투도 어리바리했어. 하지만 이단전은 조금도 주눅 들지 않고 꿋꿋이 제 길을 갔단다. 그래도 가끔은 자기 신세가 한탄스러웠나 봐. 그가 남긴 시 중에 이런 것이 있어.

조물주는 무슨 생각으로
해동 한 모퉁이에 나를 낳았을까
심성은 바보와 멍청이를 겸했고
행색은 말라깽이에 홀쭉이
사귀는 이는 모두가 양반이지만
지키는 분수는 남의 집 종
천축에 혹시라도 가게 된다면
무슨 인연인지 부처에게 물어보리라

타고난 신분의 벽을 넘어 시인이 된 노비 이단전, 그는 서른여섯의 나이에 갑자기 세상을 떠났단다.

〈월하취적도〉 휘영청 걸린 보름달 아래 피리 불고 시를 지으며 노니는 두 사람을 그린 그림이야. 조선 후기의 화가 진재해의 작품이지. 두 사람의 모습을 물끄러미 바라보며 한쪽에 비켜서 있는 노비는 무슨 생각을 하고 있을까? 시 쓰는 노비 이단전은 그의 마음을 헤아릴 수 있었을 거야. -서울대학교박물관

조선시대 부부의
사랑과 결혼 1836년

유희춘 부부와 이응태 부부, 신사임당 부부는
우리의 전통 방식대로 살았던 사람들이야.
그러니까 유희춘의 아내가 남편과 마주 앉아
왕이 하사한 술을 나눠 마시면서 기분좋게 시 한 수를 지어
남편에게 건넨 건 이상한 일이 아니었어.
그리고 이응태의 아내가 평소 남편과 나란히 누워
"남들도 우리처럼 이렇게 사랑할까요?" 하면서
행복해 한 것도 자연스러운 일이었지.

1776년
조선 시대
정조 즉위, 규장각 세움

1780년
박지원,
청나라 여행하고 《열하일기》를 씀

1791년
육의전 이외의 금난전권 폐지

1834년
염계달,
헌종 앞에서 판소리 공연

"엄마, 난 조선 시대에 태어나지 않길 잘했어."

"왜?"

"시집살이에 시달리고, 남편은 하늘이다 해서 남편이랑 재밌게 살지도 못하잖아.

친정에도 맘대로 못 가고 말야."

세운이가 알고 있듯이, 조선 시대 부부는 남편은 사랑채에, 부인은 안채에 따로 살면서

남편은 집안일에 무관심하고 아내는 남편의 바깥일을 묻지 않으며,

부부 사이는 남처럼 썰렁하고, 아내는 순종과 인내로 모든 것을 참고 견뎌야 했다고 해.

여성은 '부부유별, 삼종지도, 칠거지악, 출가외인' 같은 유교 윤리에 매여 살았다고 하지.

'부부유별'이란 '남편과 아내 사이에는 구별이 있다'는 것이고,

'삼종지도'는 '여자는 어려서는 아버지를, 결혼해서는 남편을,

늙어서는 아들을 따라야 한다'는 것이야.

'칠거지악'은 아내를 내쫓아도 되는 일곱 가지 이유,

즉 '시부모에게 불효하는 것, 아들 못 낳는 것, 질투, 나쁜 병' 등을 말해.

또, '출가외인'은 '딸은 결혼하면 남'이라는 뜻이고.

자, 이것이 조선 시대 부부 사이에 대한 우리의 상식이야.

그런데 오늘, 엄마는 그런 상식과는 좀 다른 얘기를 하려고 해.

잘 들어 보고 네 생각을 말해 주면 좋겠구나.

1836년
윤광연, 부인의 글을 모아
《정일당유고》 펴냄

1861년
김정호, 《대동여지도》 완성

1862년
진주에서 농민 봉기 일어남

선조 임금 때인 16세기에 유희춘이란 사람이 있었어. 훌륭한 글솜씨에 뛰어난 기억력과 꼿꼿한 기개를 지닌 관리로, 왕이 퍽 사랑한 인물이었어. 유희춘은 일기를 꼬박꼬박 썼는데, 그의 일기에는 부인과 함께 대화하거나 시를 나누는 장면이 여러 번 나온단다.

어느 눈 내리는 겨울날, 유희춘은 왕이 하사한 배와 술을 부인과 나눠 먹고 일기에 이렇게 적었어.

〈회혼례도〉
결혼 60주년을 기념하는 회혼례가 벌어지고 있어. 회혼례는 결혼한 지 60년을 맞은 노부부가 신랑 신부 옷을 입고 다시 한 번 결혼식을 올리는 것이란다. 조선 시대에는 사람의 수명이 짧았기 때문에 회혼례는 아주 보기 드문 경사였어. 자식들, 손자들, 친척들의 축하를 받고 있는 노부부의 모습이 무척 행복해 보이는구나.
–국립중앙박물관

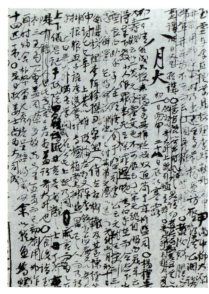

유희춘의 〈미암일기〉
한문으로 썼구나. 유희춘이 쓴 일기에는
부인과 함께 대화하거나 시를 지어 주고받는 장면이 여러 번 나온단다.
아내는 남편이 밖에서 하는 일을 잘 알고서 적극 협력하며,
남편 또한 아내를 믿고 풍부한 대화를 나누었어.

"부인과 더불어 궁중의 좋은 배를 먹어 보니 맛이 퍽퍽하지 않고 시원해서 최고품이라 이를 만하고, 술도 역시 너무 좋아서 서로 칭송하기를 마지않았다. 부인이 시를 지어 나에게 주었다.

눈 속이라 보통 술도
얻기가 어려운데
더구나 대궐에서
내려 주신 황봉주라
한 잔을 마시자마자
얼굴이 붉어 오니
태평세월 돌아왔다
그대와 함께 치하하네"

남들도 우리처럼 서로 사랑할까요?

유희춘의 일기에 그려진 부부는 조선 시대 부부에 대한 우리의 상식과는 상당히 다른 모습이야. 아내는 남편이 밖에서 하는 일을 잘 알고 적극 협력하고 있으며, 남편 또한 아내를 믿고 풍부한 대화를 나누고 있어. 서로 존중하면서 사랑하는 모습이 요즘 부부보다도 더 미덥고 진지하구나. 혹시 유희춘 부부는 특별한 경우가 아니었냐고? 그럼 또 다른 예를 보자.

1998년, 경상북도 안동에서 집을 짓느라 산기슭을 파다가 무덤 하나를 발견했어. 무덤에 묻힌 주인공의 가슴에는 한지가 덮여 있었어. 조심스레 한지를 벗겨 보았더니, 그건 한글로 빽빽하게 쓴 편지였어. 편지는 이렇게 시작되고 있었어.

원이 아버지께, 아내가.

당신 언제나 나에게 둘이 머리 희어지도록 살다가 함께 죽자 하셨지요. 그런데 어찌 나를 두고 당신 먼저 가십니까? …… 함께 누우면 제가 언제나 당신에게 말하곤 했지요. '여보, 다른 사람들도 우리처럼 서로 어여삐 여기고 사랑할까요? 남들도 정말 우리 같을까요?' 어찌 그런 일들 생각하지도 않고 나를 버리고 먼저 가시는가요? 당신을 여의고는 아무리 해도 나는 살 수가 없어요. 빨리 당신께 가고 싶어요…….

이응태 아내의 편지
이응태의 아내가 쓴 한글 편지야. 편지를 쓴 이응태의 아내는 이름이 무엇이었는지 나이가 몇 살이었는지 알 수 없어.
-안동대학교박물관

　무덤의 주인공은 지금부터 약 4백 년 전인 1586년에 서른한 살의 나이로 세상을 떠난 이응태라는 사람이었어. 이응태는 안동에 살던 양반이었는데, 아내와 어린 자식 원이를 남기고 갑자기 죽었지. 이응태의 아내는 남편의 죽음을 슬퍼한 나머지 편지를 써서 남편과 함께 묻은 거란다.

　편지에 드러난 이응태 부부의 사랑은 요즘 부부들의 사랑보다도 훨씬 더 솔직하고 강렬했던 것 같구나.

　사랑 표현은 고사하고 남편 얼굴을 제대로 쳐다보지도 못하고 살았을 것 같은 조선 시대 여성들이 뜻밖에도 남편과 동등하게 마주 앉아 시를 주고받거나 자유로운 감정 표현을 하고 있으니, 도대체 어찌 된 영문일까?

여성 차별은 언제부터 시작되었을까?

조선 시대 여성들에 대해 우리가 알고 있는 상식은 잘못되었거나 과장된 것이 많단다. 사실, 조선 시대 여성들은 적어도 17세기 무렵까지는 남성에 비해 크게 차별받지 않았어. 이러한 것은 재산 상속과 제사를 어떻게 지냈는지 보면 알 수가 있단다.

조선 시대 전기까지는 재산을 상속할 때 아들딸 차별 없이 골고루 나눠 주었어. 그리고 딸은 결혼한 뒤에도 친정 부모가 물려준 재산을 자기 몫으로 따로 가질 수 있었지.

또, 제사는 아들이 없으면 당연히 딸과 사위가 모셨어. 맏아들만 제사를 지내는 것이 아니라 형제가 돌아가면서 제사를 모시기도 했어. 친손자와 외손자를 차별하지도 않았지. 당시 외손자가 제사를 모시는 일이 흔했단다. 그래서 제사 모실 아들이 없어 대가 끊긴다는 이유로 양자를 들이는 일도 없었어. 남편이 먼저 죽으면 재

이율곡 남매 분재기
분재기는 자식들에게 토지, 노비, 집 등의 재산을 나누어 물려준 내용을 기록한 문서야. 사진은 이율곡 남매의 분재기란다. 조선 전기까지는 아들과 딸을 차별하지 않고 골고루 재산을 나누어 주었어.
—건국대학교박물관

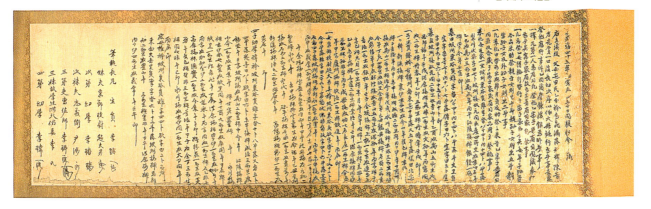

장가가는 날
조선 후기 화가 김준근의 풍속화야. 말 탄 신랑이 신부 집으로 가고 있어.

혼하는 경우도 많았고.

　재산 상속과 제사 모시기에 남녀 차별을 두지 않은 건 당시의 결혼 풍습과 아주 깊은 관계가 있어. 흔히들 조선 시대 여성은 결혼하면 당연히 시집살이를 하면서 오로지 시집을 위해 헌신했을 거라고 알고 있어. 그러나 사실, 조선 전기에는 정반대였단다. 그때까지는 결혼을 하면 친정에서 '친정살이'를 하는 것이 보통이었어.

　결혼을 하면 남편과 함께 친정에 살면서 자식을 낳아 웬만큼 키운 다음에 시집으로 가는 것이 삼국 시대부터 고려를 거쳐 조선 시대까지 이어져 온 오랜 전통이었단다. 이 오랜 전통이 깃들어 있는 말이 오늘날까지 전해 오고 있어. 바로 '장가간다', '장가 든다'는 말이야. 이 말의 뜻은 '장인 집에 들어간다'는 뜻이란다.

사림파의 시조로 존경받은 김종직이나, 이황과 쌍벽을 이루었던 성리학자 조식도 외가에서 태어나 결혼 후에는 처가에 가서 살았어. 율곡 이이 역시 외가에서 태어나 자랐으며, 외갓집 제사를 모셨지. 내로라하는 성리학자들이 이랬으니, 일반 백성들이 오랜 전통대로 '처가살이'를 했을 거라는 건 너무도 분명한 일이야.

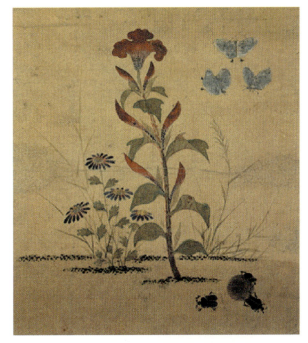

신사임당의 그림 〈초충도〉
신사임당은 특히 그림을 잘 그렸어. 풀과 벌레를 그린 초충도는 병풍으로 쓰였단다.

신사임당의 경우를 보자. 신사임당은 대학자 율곡 이이를 낳아 기른 훌륭한 어머니요, 남편을 바른 길로 이끈 현명한 아내요, 시부모를 잘 모신 착한 며느리일 뿐 아니라 스스로 재능을 살리는 일도 게을리 하지 않아서 오늘날까지 그 이름을 남긴 몇 안 되는 조선 시대 여성 시인이자 화가로도 손꼽혀. 신사임당은 아마도 슈퍼우먼이었나 봐.

그런데 신사임당의 삶을 눈여겨보면 새로운 사실을 발견하게 된단다. 신사임당은 강릉 외갓집에서 태어나 줄곧 거기서 살다가, 열아홉 살에 이원수와 결혼을 했어. 결혼한 뒤에도 시집에 가서 살지 않고 계속 강릉 친정에서 살았단다. 혹시 외동딸 아니었냐고? 천만에, 신사임당은 다섯 자매 중 둘째였어.

나무 기러기(오른쪽)와 합환주(아래)

결혼할 때 신랑은 신부 집에 기러기를 가지고 가서 상 위에 놓고 절을 하는데, 이를 '전안례'라고 한단다. 기러기는 부부 사랑이 유별난 동물이라 그것을 본받기 위해서라고 해. 원래는 살아 있는 기러기를 썼지만 너무 번거로워서 나무로 만든 기러기로 대신하게 되었어. 합환주는 신랑 신부가 표주박 잔으로 나눠 마시는 술이야.

-국립민속박물관

신사임당은 친정에 살면서 딸 셋, 아들 넷을 낳아 키웠단다. 율곡 이이도 친정에서 낳아 키웠지. 신사임당이 친정을 떠나 한양에 있는 시집으로 온 것은 결혼한 지 무려 20여 년이나 지난 뒤였어. 그때 신사임당의 나이는 서른아홉 살. 신사임당은 그로부터 10년 뒤에 세상을 떠났으니, 일생의 거의 대부분을 친정에서 산 셈이야. 신사임당의 일생은 결혼 후 처가살이를 하는 전통적인 풍습을 아주 잘 보여 주고 있단다.

그럼 '시집살이'는 언제부터 하게 되었을까? 17세기 무렵부터 처가살이에서 시집살이로 차츰 바뀌어 갔단다. 시집살이는 중국에서 들어온 결혼 풍습이야. 중국의 결혼 풍습은 신랑이 신부를 데려와 신랑 집에서 결혼식을 올리고 신랑 집에서 사는 것이란다. 이런 풍습을 어려운 말로 '친영례'라고 해.

친영례는 결혼과 동시에 여성이 남편과 남편의 부모, 친척을 중심으로 생활하게 되어 친정과 멀어지는 특징이 있어. 즉 여성은 결혼하면 '출가외인'이 되는 거야. 그러나 우리의 결혼 풍습은 남편이 아내의 집에서 처가살이를 하기 때문에 아내의 가족과 친척을 중심으로 생활하는 게 특징이었어. 여성의 입장에서 보면 결혼 전

시집가는 신부
시집으로 향하는 가마야. 가마 안에서 신부는 어떤 표정을 짓고 있을까?

과 마찬가지로 여전히 친정을 중심으로 생활하게 되는 거지. 그러니 자연히 집안에서 차지하는 아내의 위치는 남편에 비해 결코 뒤지지 않았어. 아들보다 딸을, 남편보다 아내를 심하게 차별하지도 않았고.

앞에서 얘기한 유희춘 부부와 이응태 부부, 신사임당 부부는 우리의 전통 방식대로 살았던 사람들이야. 그러니까 유희춘의 아내가 남편과 마주 앉아 왕이 하사한 술을 나눠 마시면서 기분좋게 시 한 수를 지어 남편에게 건넨 건 이상한 일이 아니었어. 그리고 이응태의 아내가 평소 남편과 나란히 누워 "남들도 우리처럼 이렇게 사랑할까요?" 하면서 행복해한 것도 자연스러운 일이었지.

또, 신사임당이 슈퍼우먼이 될 수 있었던 건 타고난 재능이 뛰어난 데다가 그 재능을 맘껏 발휘할 수 있는 조건이 마련되어 있었기 때문이야. 그 조건은 바로 여성을 크게 차별하지 않은 당시의 사회 분위기였어.

바뀌어 가는 풍습들

조선 초부터 지배층들은 성리학에 따라 결혼 풍습을 중국식으로 바꾸려고 애를 썼어. 그렇지만 오랜 전통과 풍습은 하루아침에 고쳐지지 않았단다. 웬만한 성리학자들은 물론이고 대부분의 사람들은 여전히 예전의 풍습대로 살았어.

우리 전통의 처가살이가 중국식 시집살이로 바뀌는 데는 2백 년이 넘는 긴 시간이 필요했단다. 조선 초부터 약 2백 년이 흐른 17세기 무렵이 되어서야 비로소 중국식 시집살이가 널리 받아들여지기 시작한 거야.

하지만 완전히 중국식으로 바뀌진 않았어. 전통의 풍습과 중국의 친영례를 반반씩 섞어서, 결혼식은 전처럼 신부집에 가서 하고, 결혼 후 살림

결혼식 날 신부
신부가 곱게 단장하고 다소곳이 앉아 있네. 백 년 전 한국을 찾았던 영국 화가 엘리자베스 키스의 그림이야. 오늘날 우리가 전통 혼례라고 부르는 것은 혼례식은 신부 집에서 치르고 시집으로 가는 '반친영' 이야.

은 시집에 가서 하는 새로운 풍습이 생겨났지. 이것을 '반친영'이라고 해.

 17세기 무렵부터 달라진 것은 결혼 풍습만이 아니야. 재산 상속도 바뀌었단다. 아들딸 차별 없이 나눠 주던 것이 딸에게는 적게, 아들에게는 많이 주는 것으로 바뀌었어. 특히, 맏아들에게 많이 주는 것으로 바뀌었지. 제사 모시기도 딸은 제사를 지내지 않는 것으로 바뀌고, 아들 중에서도 맏아들이 지내는 것으로 바뀌었어.

 왜 이런 변화가 일어난 걸까? 소수 지배층 사이에서만 지켜지던 성리학 윤리가 이때쯤 되면 일반 백성들에게까지 널리 퍼졌기 때문이야. 경제적인 이유도 있어. 재산을 여러 자식들에게 나눠 주는 것보다는 한두 사람에게 몰아주는 것이 재산을 지키고 늘리는 데 유리하다고 생각했기 때문이란다.

여성 성리학자 임윤지당

 "아아! 나는 비록 여자이지만 하늘에서 받은 성품은 애당초 남녀 간에 차이가 없다."

 이 말은 18세기에 살았던 임윤지당이 한 거야. 성리학 윤리가 널리 퍼지면서 여성에 대한 차별이 심해지던 때, 여자와 남자는 타고난 본성은 같고, 다만 현실에서 처한 입장이 다를 뿐이라는 임윤지당의 말은 매우 과감한 것이었어.

 임윤지당은 성리학을 깊이 연구한 여성 철학자였단다. 임윤

당호

신사임당의 '사임당'은 이름이 아니고 '당호'란다. 남자들이 이름 외에 따로 '호'를 가졌던 것처럼, 여자들은 당호를 가졌어. '사임당', '윤지당' 등은 모두 당호란다.

지당이 성리학에 관심을 갖게 된 건 집안 분위기 탓이었어. 그의 집안은 유명한 성리학자를 여러 명 낳았는데, 특히 둘째 오빠 임성주는 조선 후기를 대표하는 성리학자로 손꼽혀. 임윤지당은 아홉 살 무렵부터 오빠들 틈에 끼어 공부를 했어. 철학책, 역사책 들을 두루 읽으며 함께 토론을 했지.

열아홉 살 때, 임윤지당은 신광유와 결혼했단다. 그러나 남편이 8년 만에 세상을 떠나는 바람에 과부가 되었어. 아이를 하나 낳았지만 어려서 죽고 말았지.

❗ 여자의 맑은 표준을 지키자

조선 시대에는 여자에게 글을 가르치지 않았다고 알려져 있지만, 사실은 그렇지 않았어. 양반집 딸들은 어려서부터 언문(한글)은 물론이고 한문 공부를 하여, 한문으로 쓴 책을 읽고 한문으로 시나 글을 지을 줄도 알았단다.

호연재 김씨는 수많은 한문 시와 글을 남긴 여성이야. 그는 '스스로 깨우치는 글'이란 뜻의 《자경문》을 한문으로 지었는데, 그중 부부에 관한 대목이 있단다.

"오직 날마다 그 덕을 높이고 스스로 자기 몸을 닦을 뿐이니, 참으로 장부(남편)의 은의와 득실만 돌아다보고 그것에 연연하여 여자의 맑은 표준을 이지러뜨리고 손상시킨다면 또한 부끄럽지 않겠는가?"

호연재는 남편에게 지나치게 의존하여 여성으로서의 표준, 곧 자기 중심을 잃는 것은 부끄러운 일이라고 말한 거야. 호연재의 넘치는 자신감이 현대 여성 못지않구나.

임윤지당의 일생은 우리가 상식으로 알고 있는 조선 시대 여성상에 꼭 들어맞는단다. 스물일곱 살의 젊은 나이에 과부가 되어 마음 붙일 자식 하나 없이 죽을 때까지 재혼도 하지 않고 절개를 지키며 시집살이를 했으니 말야. 게다가 그의 시집에는 유난히 과부가 많았어. 시어머니는 서른일곱 살에 과부가 되었고, 임윤지당이 대를 잇기 위해 들인 양자마저 일찍 죽는 바람에 며느리도 서른 살에 과부가 되었지.

임윤지당은 성리학을 연구하면서 외로움과 고통을 이겨냈어. 어쩌면 성리학에 몰두한 가장 중요한 이유가 자기 마음을 가다듬기 위해서였는지도 몰라. 결국, 그는 '하늘에서 받은 성품은 애당초 남녀 간에 차이가 없다.'고 선언한 거란다.

만약 임윤지당이 조금 일찍 태어나 신사임당처럼 타고난 재능을 맘껏 발휘하며 살았더라면 어찌 되었을까?

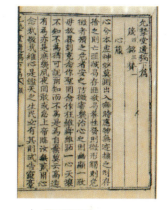

《윤지당유고》
임윤지당의 글들을 모은 문집이야. 임윤지당이 죽은 뒤 동생 임정주가 1796년에 펴냈단다.

강정일당과 윤광연 부부의 사랑

17세기 이후 여성들의 생활은 많이 달라졌다고 했지? 성리학의 윤리가 널리 퍼지면서 여성들의 순종과 절개가 한층 강조되었어. 그럼 부부 사이는 어땠을까? 강정일당과 윤광연 부부의 삶을 한번 보자.

강정일당과 윤광연 부부는 18세기 말에 결혼했어. 둘 다 양반 집안에서 태어났지만, 살림이 넉넉하지 못해 윤광연은 서당을 열어 동네 아이들을 가르치고, 강정일당은 삯바느질로 살림을 꾸려 나갔어.

강정일당은 어려운 살림에도 틈틈이 공부를 했어. 남편이 책을 펴고 소리 내어 읽으면 한쪽 곁에 앉아 바느질을 하면서 귀로 듣고 외웠단다. 또, 강정일당은 수시로 남편에게 편지를 썼어. 한문으로 쓴 편지였지.

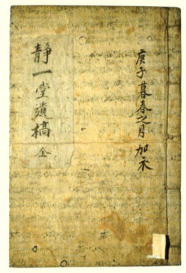

《정일당유고》 강정일당의 시문집이야. 강정일당은 시와 문장이 뛰어났으며, 글씨도 잘 썼단다. —성균관대학교 존경각

"밥을 짓지 못한 지가 이제 사흘이 되었습니다. 글 배우는 아이가 마침 호박 넝쿨을 걷어 왔는데, 주먹만 한 호박 몇 개를 찾아 칼로 썰어 국을 끓였습니다. 술을 한 잔이라도 구해 볼까 하였으나 얻지 못하고, 단지 국만 끓였으니 안타까움을 금할 수 없습니다……."

흉년이 들어 3일 동안 밥을 짓지 못하다가 간신히 얻은 호박으로 국을 끓여 주며 남편에게 쓴 편지란다. 아내의 살뜰한 사랑이 듬뿍 담겨 있어. 또, 강정일당은 남편에게 비록 살림이 어려울지라도 글공부를 게을리 하지 말라며 잘못된 태도를 고치라고 따끔하게 충고하기도 했단다. 이런 강정일당을 남편 윤광연은 어떻게 생각했을까? 강정일당이 예순한 살에 병으로 세상을 떠나자, 윤광연은 통곡하면서 죽은 아내를 생각하며 다음과 같은 글을 썼다고 해.

"아내가 죽었으니, 의심나는 것이 있어도 누가 그것을 풀어 주겠는가? 하고 싶은 것이 있어도 누가 도와주겠는가? 잘못이 있더라도 누가 바로잡아 주겠는가? …… 이제 그대가 나를 버리고 떠나 외롭게 남겨 두니, 마치 닻을 잃은 배와 같고 길잡이 없는 장님과 같아서 멋대로 흔들리며 의지할 곳이 없고, 이리저리 넘어지며 갈 곳이 없다……."

강정일당과 윤광연은 좋은 벗이자, 서로 사랑하며 존중하는 부부였어. 조선 시대 부부 사이, 정말 놀랍지 않니?

김정호와 《대동여지도》

1861년

김정호는 이렇게 말했단다.
"지도로 천하의 형세를 살필 수 있고,
지지로 역대의 제도와 문물을 알 수 있는데,
이는 실로 나라를 다스리는 큰 틀이다."
김정호는 지도와 지지를 떼려야 뗄 수 없는 것이며,
나라를 다스리는 데 꼭 필요한 것이라고 확신했던 거야.
그래서 평생 동안 지도와 지지 연구에 몰두했단다.

1776년
조선 시대
정조 즉위, 규장각 세움

1780년
박지원,
청나라 여행하고 《열하일기》를 씀

1791년
육의전 이외의 금난전권 폐지

1834년
염계달,
헌종 앞에서 판소리 공연

"옛날에 어떻게 이런 지도를 만들었을까?"

역사책에서 《대동여지도》를 보던 세운이가 혼잣말처럼 중얼거렸어.

《대동여지도》는 지금부터 약 140년 전, 김정호가 만든 지도야.

오늘날의 발달된 과학 기술로 만든 지도와 비교해 봐도 전혀 뒤떨어지지 않으니,

세운이가 감탄하는 것도 당연해.

흔히들 김정호가 백두산을 여덟 번 오르고,

전국을 세 바퀴나 돈 끝에 《대동여지도》를 만들었다고 해.

그리고 《대동여지도》를 나라에 바쳤다가

그만 기밀 누설죄로 감옥에 갇혀 죽었으며,

《대동여지도》는 압수되어 불태워졌다고 해.

그런데 참 이상하게도 불타 없어졌다는 《대동여지도》가

오늘날 버젓이 남아 전해 오고 있단다. 도대체 어찌 된 일일까?

김정호에 대해 알려져 있는 이야기 중에는 이렇게 사실과 다른 것이 퍽 많아.

오늘은 김정호가 과연 어떻게 《대동여지도》를 만들었는지,

김정호와 《대동여지도》의 진실을 찾아가 보자.

1836년
윤광연, 부인의 글을 모아
《정일당유고》 펴냄

1861년
김정호, 《대동여지도》 완성

1862년
진주에서 농민 봉기 일어남

○ 김정호는 어떤 사람이었을까? 김정호가 언제 태어났는지, 어떻게 죽었는지, 어떤 신분의 사람이었는지 정확히 모르지만, 학자들이 추측하기로는 1804년에 태어나 1866년에 사망했을 거라고 해. 신분은 평민이라고도 하고, 중인이었거나 몰락한 양반이라고도 한단다.

김정호에 대해 왜 이렇게 모르는 것투성이일까? 그건 남아 있는 자료가 거의 없기 때문이야. 김정호 자신이 쓴 기록은 물론이고, 그를 아는 사람들이 쓴 기록도 아주 적단다. 김정호에 대한 기록은 세 가지 정도가 남아 있어. 친구였던 실학자 최한기가 쓴 것, 《이향견문록》이라는 책에 실린 짤막한 내용, 그리고 신헌이 쓴 《대동방여도》 '서문' 정도란다.

김정호 동상
김정호는 황해도에서 태어나 한양에서 살았다고 해. 집안 형편은 퍽 어려웠던 것 같아. 딸과 단둘이 살았다고 알려져 있지만 실은 그렇지 않고 아내와 아들도 있었단다. 김정호는 어려서부터 지리와 지도에 관심이 매우 많았어. —국토지리정보원

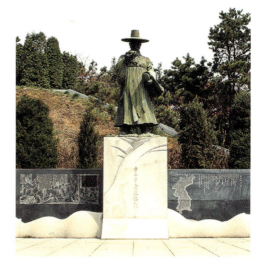

최한기는 김정호에 대해 이런 기록을 남겼어.

"내 친구 김정호는 소년 시절부터 지도와 지리에 뜻을 두고 오랫동안 자료를 찾아서, 지도 만드는 모든 방법을 자세히 살피며 한가할 때마다 연구와 토론을 했다."

지도는 나라를 다스리는 큰 틀

김정호 하면 《대동여지도》 하나만을 떠올리기 일쑤야. 그러나 《대동여지도》 말고도 세 개의 지도와 세 권의 지리지가 더 있단다. 전국 지도인 《청구도》와 《동여도》, 한양 지도인 《수선전도》, 지리지인 《동여도지》, 《여도비지》, 《대동지지》가 모두 김정호의 작품이야.

김정호는 지도를 만들기 전에 지리지를 먼저 만들었어. '지리지'란 '지지'라고도 하는데, 한 지역의 지리, 역사, 산업, 교통, 인구 등 온갖 정보를 총정리해 놓은 책이란다. 그리고 지리지에 모아 놓은 정보를 한눈에 볼 수 있게 하는 것, 그것이 바로 지도라고 김정호는 생각했어. 김정호는 이렇게 말했단다.

"지도로 천하의 형세를 살필 수 있고, 지지로 역대의 제도와 문물을 알 수 있는데, 이는 실로 나라를 다스리는 큰 틀이다."

김정호는 지도와 지지를 떼려야 뗄 수 없는 것이며, 나라를 다스리는 데 꼭 필요한 것이라고 확신했던 거야. 그래서 평생 동안 지도와 지지 연구에 몰두했단다.

〈동여도〉
김정호가 만든 《동여도》의 서울 부분이야. 김정호의 지도는 그 꼼꼼함과 정확함이 정말 놀랍단다. —규장각한국학연구원

정말 백두산을 여덟 번 오르고 전국을 세 바퀴나 돌았을까?

김정호는 《대동여지도》를 만들기 위해 백두산을 여덟 번 오르고, 전국을 세 바퀴나 돌았다고 해. 엄마도 어렸을 때 위인전에서 분명히 그렇게 읽었던 기억이 나는구나. 배고픔과 목마름을 참아 가며 짚신 몇 켤레가 다 닳아 없어지도록 전국 방방곡곡을 돌아다니는 김정호의 모습이 떠올라 마음 아팠지.

그런데 이 얘기는 사실이 아니라 나중에 덧붙여진 얘기란다. 《대동여지도》는 전국을 직접 돌아다니며 측량을 해서 만든 지도가 아니고, 그 이전까지 만들어진 여러 지도를 참고하여 종합, 집대성한

❗ '백두대간'이란 무엇일까?

'태백산맥, 소백산맥'이란 말은 조선 시대에는 없던 말이야. 1903년 고토분지로라는 일본의 지질학자가 처음으로 태백산맥을 비롯하여 지금 우리가 부르고 있는 여러 산맥의 이름을 정했는데, 이것이 일제 시대를 거쳐 오늘날까지 쓰이고 있단다. 조선 시대에는 '백두대간, 장백정간, 낙남정맥'처럼 '대간'과 '정간', '정맥'으로 산줄기를 나타냈어.

'산맥'과 '대간'에는 어떤 차이가 있을까? 산맥은 땅속의 지질 구조를 중심으로 분류한 것이고, 대간은 땅 위에 드러나 있는 산의 모습을 중심으로 분류한 것이야. 현재 우리가 사용하고 있는 지도는 땅속 지질을 따라 산맥을 그렸어. 그래서 지도를 들고 산을 찾아가면 있어야 할 곳에 산이 없는 경우가 종종 있단다. 우리나라 산맥은 생긴 지 오래되었기 때문에 땅속 지질과 땅 위의 모양이 반드시 일치하지 않기 때문이야.

백두대간이 뚜렷한 〈동국대전도〉 백두대간은 백두산에서 시작하여 지리산에서 끝나고, 다른 정맥들은 백두대간에서 갈라져 나간단다. 조선 시대의 지리책 《산경표》에는 백두대간 장백정간 그리고 13개의 정맥으로 산줄기가 분류되어 있어.
-국립중앙박물관

지도야.

물론 김정호도 여러 지도를 비교하면서 검토하다가 내용이 서로 다르거나 미심쩍은 부분이 있으면, 확인하기 위해 그 지역을 직접 답사했을 거야. 그러나 당시의 교통 사정이나 김정호의 어려운 생활 형편, 그리고 김정호가 남긴 작품들의 양과 질에 비추어 볼 때 전국을 세 바퀴 돌고 백두산을 여덟 번이나 오를 만한 여유는 도저히 없었다고 생각되는구나.

지도를 만들 때 반드시 직접 답사할 필요는 없단다. 김정호보다 먼저 살았던 정상기라는 사람은 《동국지도》를 만들었는데, 이것은 당대에 가장 정확한 지도였어. 그런데 이 지도도 직접 전국을 답사해서 만든 게 아니라, 자기 집안에 전해오는 지도와 다른 지도를 참고하여 만든 지도였어. 또, 프랑스의 유명한 지도학자 단빌 역시 프랑스 밖으로 한 발자국도 나가지 않고 당시로서는 가장 정확한 세계 지도를 만들었지.

흔히들 《대동여지도》가 나오기 전까지 조선 시대에는 변변한 지도 하나 없었을 거라고 지레짐작하기 쉬워. 그러나 사실은 정반대란다. 우리 조상들은 아주 일찍부터 지도를 만들었어. 지도는 정치, 경제, 군사상 매우 중요한 것이었기 때문에 삼국 시대부터 지도를 만들었단다.

정상기의 《동국지도》 함경북도 부분

김정호보다 백여 년 전에 태어난 정상기가 만든 《동국지도》는 김정호의 《대동여지도》가 나오기 전까지 가장 많이 사용되었던 지도야. 정상기는 몸이 약하여 과거 시험을 포기하고 우리나라 지리와 지도를 깊이 연구했어. －규장각한국학연구원

〈대동여지도〉를 만드는 김정호
〈대동여지도〉는 전국을 일일이 답사하여 만든 지도가 아니라, 당시까지 나온 여러 지도를 널리 참고하여 집대성한 지도야.

《대동여지도》 특징

22개의 첩을 모두 연결하면 가로 3.3m, 세로 6.7m가 되어 요즘의 3층 건물 높이와 맞먹는 거대한 지도가 되지만, 모두 접으면 책 한 권의 크기로 줄어들기 때문에 갖고 다니기에 매우 편리했어. 또 필요한 부분만 뽑아서 갖고 다닐 수도 있었단다.

고구려에는 나라의 전 지역을 그린 지도가 있었고, 백제에도 〈도적〉이라는 지도가 있었어. 고려 때는 전국의 〈지리도〉가 만들어졌지. 고려 때 나홍유라는 사람은 우리나라 지도와 중국 지도를 그려서 이름을 떨쳤단다. 그런데 유감스럽게도 삼국 시대와 고려 시대의 지도는 오늘날 하나도 남아 있지 않아. 비록 남아 있는 지도는 없지만 조선 시대의 지도를 보면, 그전의 지도 제작 기술이 어느 정도였는지 짐작할 수 있어.

조선 시대에는 전국 지도, 지방의 각 군과 현의 지도 등 매우 다양한 지도가 만들어졌어. 세계 지도도 만들었지. 1402년, 조선 태종 때 만든 〈혼일강리역대국도지도〉가 그것이야. 이것은 중국 원나라의 세계 지도를 바탕으로 새로 만든 것인데, 현재 일본 교토의 한 대학 도서관에 필사본이 보관되어 있어.

지도는 하루아침에 만들어지는 것이 아니란다. 오랫동안 쌓인 지도 제작 기술과 지리학에 대한 지식이 있어야 만들 수 있어. 김정호의 《대동여지도》는 그의 재능과 노력만으로 탄생한 것이 아니라 삼국 시대부터 무려 천 년이 넘는 오랜 세월 동안 쌓여 온 우리나라 지리학과 지도 제작 기술이 총집합되어 탄생한 결정판이었어. 자, 《대동여지도》 이전에는 변변한 지도가 없었을 거라는 생각이 얼마나 잘못된 것인지 잘 알았지?

《대동여지도》에 실려 있는 정보는 실제 생활에 꼭 필요한 것들이었어. 강은 곡선으로, 도로는 직선으로 표시하고, 10리마다 점을

〈혼일강리역대국도지도〉
한반도를 실제보다 크게 그렸지만 전체 윤곽은 꽤 정확한 편이야. 일본은 한반도 남쪽에 아주 작게 그렸어. 중국과 조선을 세계의 중심으로 여겼던 당시 사람들의 생각을 읽을 수 있는 지도란다. —국립중앙박물관

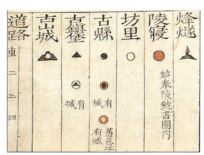

《대동여지도》의 지도표
《대동여지도》는 지도표를 사용한 지도야. 지도표는 역 표시, 창고 표시 등 내용을 나타내는 기호를 정해 놓고, 지도에는 그 기호로 표시하는 방법이지. 그래서 지도가 훨씬 간결하고 보기 편하면서 실려 있는 정보도 아주 풍부해. 지도표는 요즘 지도로 치면 '범례'에 해당한단다. —규장각한국학연구원

찍어 거리를 나타냈어. 배가 다닐 수 있는 강과 다닐 수 없는 강을 구별하여 다닐 수 있는 강은 두 개의 선으로, 다닐 수 없는 강은 한 개의 선으로 표시했단다.

《대동여지도》는 남북 22개, 동서 19개의 눈금으로 전국을 나누어 눈금 한 면이 지도의 한 면이 되게 했어. 이런 지도를 '방안 지도'라고 한단다. 방안 지도는 축척을 따로 표시하지 않아도 되기 때문에 매우 편리해.

《대동여지도》는 정말 불태워졌을까?

《대동여지도》에 대한 의혹은 또 있어. 김정호가 고생 끝에 필생의 역작 《대동여지도》를 완성하여 흥선 대원군에게 바쳤더니, 나라의 허락 없이 함부로 지도를 만들어 중대한 기밀을 누설했다면서 김정호와 딸을 감옥에 가두어 죽게 하고 지도는 불살라 버렸다는 얘기야. 그런데 이 또한 사실이 아니란다.

불타 없어졌다는 지도 목판 중 일부가 1931년 경성제국대학에서 열린 전시회에 버젓이 전시되었기 때문이야. 또, 《대동여지도》 목판은 오늘날에도 남아 전하고 있어. 숭실대학교 박물관에 목판 1매가 보관되어 있고, 국립중앙박물관 창고에서도 11매가 발견되었단다. 《대동여지도》를 흥선 대원군이 몰수하여 불태웠다는 얘기가 거짓임을 이제 알겠지?

또, 김정호가 국가 기밀 누설죄로 감옥에서 죽었다는 얘기는 근거가 전혀 없단다. 무엇보다, 나라의 허락없이 지도를 만든 일이 기밀 누설죄에 해당한다는 것부터가 당치 않은 얘기야.

김정호가 지도를 만들던 당시에는 민간에서 개인이 지도를 만드는 일이 아주 활발하게 이루어지고 있었어.

국립중앙박물관

《대동여지도》 지도첩과 목판
《대동여지도》는 팔만대장경처럼 목판으로 만들었기 때문에 필요한 만큼 얼마든지 찍어낼 수 있었단다. 즉, 많은 사람에게 지도를 보급할 수 있었어. 손으로 지도를 베낄 때처럼 잘못 베낄 염려도 없었고 말야.

정상기의 《동국지도》, 윤두서의 《동국여지지도》 등 개인이 만든 지도가 얼마든지 있었지. 그러니까 김정호가 지도를 만든 건 특별한 일도 아니었고 죄도 아니었으며, 더더구나 국가 기밀 누설죄라는 어마어마한 이름을 갖다 붙일 일은 조금도 아니었단다. 김정호가 정말 국가 기밀 누설죄로 죽었다면 기록이 남아 있어야 하는데 전혀 그렇지 않아.

최한기의 〈지구전후도〉
최한기는 김정호와 어린 시절부터 친구였어. 사진은 최한기가 만든 세계 지도 〈지구전후도〉란다. 오른쪽이 지구전도, 왼쪽이 지구후도야. 김정호의 도움을 받아 지도를 그렸어.
— 규장각한국학연구원

김정호가 아무의 도움도 받지 않고 혼자 《대동여지도》를 만들었다는 얘기도 사실과 다르단다. 김정호에게는 도와주는 후원자들이 있었어. 무관이었던 최성환, 병조 판서를 지낸 신헌, 실학자였던 친구 최한기 들이었어. 이들은 지도를 만드는 데 드는 돈을 대 주거나 자료와 정보 수집을 하는 데 도움을 주었어. 신헌은 일본과 강화도 조약을 맺을 때 조선 대표로 나간 사람이야. 김정호는 신헌의 도움을 받아 궁궐 깊숙이 보관되어 있던 귀중한 자료를 살펴보았을 거야.

일제 시대에 널리 퍼진 '김정호 이야기'

그럼 흥선 대원군이 《대동여지도》를 몰수하고 김정호를 국가 기밀 누설죄로 감옥에 가두어 죽였다는 얘기는 도대체 어디서 나온 걸까? 일제 시대에 조선총독부가 발행한 《조선어독본》에 나온단다. 《조선어독본》은 지금의 초등학교 교과서에 해당하는 책이야. 김정호가 전국을 세 바퀴, 백두산을 여덟 번 답사했다는 얘기 역시 《조선어독본》에 나와. 자, 그럼 《조선어독본》 제5권 제4과 '김정호' 편을 같이 읽어 보기로 하자.

10여 년 후에 마침내 유명한 《대동여지도》의 원고를 완성하였었다. 그동안 팔도를 돌아다닌 것이 세 번, 백두산에 오른 것이 여덟 차례라 한다. …… 이것을 대원군께 바쳤었다. 그러나 대원군은 다 아는 바와 같이, 배외심이 강한 어른이시라, 이것을 보시고 크게 노하사,

"함부로 이런 것을 만들어서, 나라의 비밀이 다른 나라에 누설되면, 큰일이 아니냐."

하시고, 그 지도판을 압수하시는 동시에, 곧 정호 부녀를 잡아 옥에 가두셨으니, 부녀는 그 후 얼마 아니 가서, 옥중의 고생을 견디지 못하였는지, 통한을 품은 채, 전후하야, 사라지고 말았다. …… 러·일 전쟁이 시작되자, 대동여지도는 우리(일본) 군사에게 지대한 공헌이 되었을 뿐 아니라, 그 후 총독부에서 토지 조사 사업에 착수할 때에도 둘도 없는 좋은 자료로, 그 상세하고도 정확함은, 보는 사람으로 하여금 경탄케 하였다 한다. 아, 정호의 고생은, 비로소 이에, 혁혁한 빛을 나타내었다 하리로다.

그런데 《조선어독본》보다 먼저 김정호에 대해 비슷한 얘기를 한 사람이 있었어. 3·1 운동 때 독립 선언서를 썼던 최남선이 바로 그란다. 최남선은 〈동아일보〉와 잡지 《별건곤》에 잊혀져 있던 김정호와 《대동여지도》를 소개하면서, 김정호가 지도를 만들기 위해 전국을 답사했으며 옥에 갇혀 죽었다고 했어.

그 뒤 《학생》이나 《어린이》 같은 잡지에도 김정호 이야기가 소개되었지. 그러나 김정호 이야기가 널리 퍼진 것은 뭐니 뭐니 해도

《조선어독본》 때문이었어.

최남선이 김정호 이야기를 쓴 것은 잊혀져 있는 김정호와 《대동여지도》를 세상에 널리 알리고 그 가치를 깨닫게 하기 위해서였을 거야. 그렇다면 《조선어독본》은 왜 그 이야기를 실어 놓았을까? 《조선어독본》이 이 이야기를 실은 데에는 숨은 이유가 있어. 일본은 조선을 식민지로 만든 다음 조선총독부를 두어 조선을 지배했어. 학교도 교과서도 조선총독부의 방침에 따라야 했지. 조선총독부에서 발행한 《조선어독본》에 김정호 이야기가 실린 이유는 조선 어린이들에게 조선은 열등하고 일본은 우월하니 일본을 따라야 한다는 사고방식을 심어 주기 위해서였다고 생각돼. 즉, 조선 어린이들을 일본의 지배에 고분고분 따르는 사람으로 키우기 위한 식민지 교육이었던 거야.

일본은 조선이란 나라는 지도 하나 제대로 못 만드는 수준 낮은 나라고, 《대동여지도》는 오로지 김정호 개인의 노력 덕분에 탄생한

〈대동여지도〉
오늘날 대동여지도의 전체 모습을 쉽게 볼 수 없는 것은 그 크기 때문이기도 해. 대동여지도는 3층 건물 높이쯤 되는 거대한 지도야. 사진은 최근에 예쁘게 색칠하여 전시한 채색 대동여지도란다. -화봉문고

것이라고 강조하고 싶었을 거야. 또, 흥선 대원군은 《대동여지도》의 가치를 알아보지 못한 무능한 지도자였으며, 그 가치를 알아본 건 일본이었다고 주장하고 싶었던 것 아닐까?

일제 시대에 널리 퍼진 이 이야기는 해방 후 오늘날까지 이어지고 있어. 심지어는 1993년에 나온 초등학교 5학년 2학기 국어 읽기 교과서에도 그대로 실린 적이 있단다. 다행히 지금의 초등학교 교과서에는 바로잡혀졌지만, 아직도 몇몇 위인전에서 여전히 잘못된 얘기를 버젓이 싣고 있으니 답답한 노릇이지 뭐냐.

지방 지도 중 통영 지도
흥선 대원군은 전국의 각 군현에 명하여 지도를 만들어 올리게 했어. 그리하여 1872년 459장의 지방 지도가 완성되었단다. 사진은 해군 총사령부에 해당하는 수군 통제영이 있던 경상남도 통영의 지도야. 왜란 때 이순신 장군이 수군통제사로 있던 곳이지.
―규장각한국학연구원

조상들이 만든 여러 가지 지도

우리나라가 세계 지도에 처음 등장한 것은 언제일까? 1154년 아랍의 지리학자 이드리시가 만든 세계 지도에는 한반도가 뚜렷이 그려져 있고, 'sila(신라)'라고 쓰여 있단다. 1154년이면 고려 때인데, 이드리시는 신라가 있던 시절의 한반도를 알고 있었던 모양이야. 우리 조상들이 만든 지도로는 무엇이 있을까? 세계 지도, 우리나라 전국 지도, 군이나 현의 지도 등 여러 종류의 지도가 있어. 예쁘게 색칠한 지도도 있지.

지도와 지리에 대한 관심은 사람이 살아가는 공간에 대한 관심이라고 할 수 있어. 또 하나 중

〈천하도지도〉 1790년대에 만든 세계 지도야. 중국 명나라에 왔던 이탈리아 선교사 알레니의 책 《직방외기》에 실려 있는 지도를 바탕으로 만들었단다. 북극, 남극, 적도 등이 한자로 표기되어 있어. —규장각한국학연구원

〈전라도무장현도〉
전라도 무장현(지금의 고창군 일대)의 관아를 자세하게 그린 지도야. —국립중앙박물관

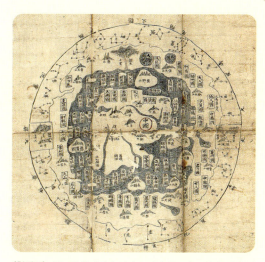

〈천하도〉 하늘의 별자리가 같이 그려진 동그란 모양의 세계 지도야. —국립중앙박물관

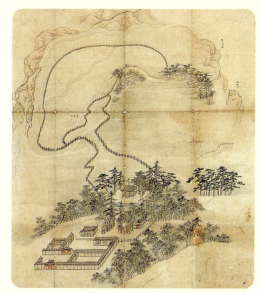

〈동대문외마장원전도〉 말을 기르는 목장인 '마장'과, 마장을 관리하는 관청 '마장원'의 지도야. 지금의 서울 성동구 마장동은 바로 '마장'에서 비롯된 이름이란다. —국립중앙박물관

요한 건, 지도와 지리지는 왕이 나라를 다스리는 데 필요한 정보를 정리해 놓은 자료로 쓰였다는 거야. 그래서 조선의 왕들은 지도와 지리지를 만드는 데 매우 열심이었단다.

일어서는 농민들 1862년

진주의 여러 마을에서 온 농민들이 하나 둘 장터에 모여들었어.
곧 회의가 시작되었단다. 회의의 주제는
진주 목사가 농민들에게 내라고 한 세금 10만 냥과
경상우병사 백낙신이 내라고 한 세금 6만 냥,
모두 합쳐 16만 냥을 어떻게 할 것인가였어.
이 16만 냥은 실은 관리들이 중간에서 떼어먹은 돈이었어.
그것을 애꿎은 농민들에게 내라고 한 거야.
그러니 농민들은 분노할 수밖에 없었지.

1776년
조선 시대
정조 즉위, 규장각 세움

1780년
박지원,
청나라 여행하고 《열하일기》를 씀

1791년
육의전 이외의 금난전권 폐지

1834년
염계달,
헌종 앞에서 판소리 공연

"엄마, '민란'이 뭐야?"

"백성들이 난을 일으켰다는 말이야."

'민란'이란 말에는 지배자의 입장이 표현되어 있어, 순종해야 마땅한 백성들이

떼를 지어 일어나 뭔가를 요구하고 항의하여 질서를 어지럽힌다는 뜻이 담겨 있단다.

그래서 엄마는 '민란'이라는 말 대신에 '농민 봉기'라는 말을 쓰려고 해.

그것이 백성들의 입장을 좀 더 잘 표현한다고 생각하기 때문이야.

세운이 생각은 어떨지 모르겠구나.

17~18세기가 변화의 시대였다면 19세기는 농민 봉기의 시대였어.

19세기에 들어 여러 지역에서 커다란 규모의 농민 봉기가 잇달아 일어났단다.

농민들은 왜 봉기를 일으켰을까?

임진왜란과 병자호란 등 전쟁이 남겨 놓은 상처에도 절망하지 않고

폐허가 된 논밭을 다시 갈고, 모내기 같은 새로운 농사법을 이용하여

생산을 늘리는 데 힘썼던 부지런하고 순박한 농민들이 말야.

자, 오늘은 농민들이 봉기를 일으킨 까닭을 알아보기 위해

1862년의 경상도 진주로 가 보자꾸나.

진주는 농민 봉기의 물꼬를 튼 곳이었어.

1836년
윤광연, 부인의 글을 모아
《정일당유고》 펴냄

1861년
김정호, 《대동여지도》 완성

1862년
진주에서 농민 봉기 일어남

1862년 1월의 일이야. 경상도 진주읍 축곡 마을의 검동이네 집에서는 열띤 토론이 벌어지고 있었어. 모인 사람은 나무꾼 이계열, 신분은 양반이지만 살림살이는 농민과 다를 바 없는 몰락 양반 유계춘, 그리고 교리 벼슬을 지냈던 이명윤이었어.

몰락 양반 유계춘이 먼저 입을 열었어.

"이번에 진주 목사와 경상우병사가 내라고 한 세금이 16만 냥입니다. 이것을 내려고 하다가는 농사짓는 사람들의 허리가 먼저 부러질 겁니다."

"그래서 대책을 세우기 위해 모인 게 아닌가."

교리 이명윤이 대답했단다.

"교리 어르신, 이 일은 우리 마을뿐 아니라 진주의 다른 마을도 마찬가지니 함께 뜻을 모아야 할 줄로 압니다."

나무꾼 이계열이 말했어.

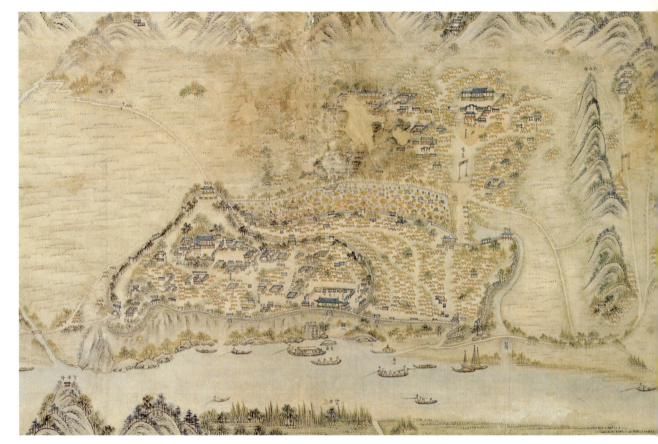

진주

경상남도 진주를 그린 옛 지도란다. 진주는 조선 시대에 경상우도에서 가장 큰 도시였어. 경상우도가 어디냐고? 지금은 경상도를 남과 북으로 나누어 '경상남도, 경상북도'라고 부르지만 조선 시대에는 남과 북이 아니라 왼쪽과 오른쪽으로 나누어 '경상좌도, 경상우도'라고 불렀단다. 왕이 수도 한양에서 남쪽을 내려다보았을 때를 기준으로 하여 오른쪽과 왼쪽으로 나눈 거야. 진주는 농민 봉기의 물꼬를 튼 현장이야.
-규장각한국학연구원

"그렇지. 다른 마을 사람들도 모아 함께 등장을 올리세. 관청에 가서 억울함을 호소하잔 말일세."

교리 이명윤의 말에 나무꾼 이계열이 목소리를 높이며 반대를 했어.

"이게 어디 호소로 될 일입니까?"

그러자 몰락 양반 유계춘이 나서서 말했어.

"내달 6일, 수곡 마을에서 장이 열립니다. 우선 그때 사람들을 모아 봅시다."

타오르는 남녘

2월 6일, 예정대로 수곡 마을에서 장이 열리자, 진주의 여러 마을에서 온 농민들이 하나 둘 장터에 모여들었어. 곧 회의가 시작되었단다. 회의의 주제는 진주 목사가 농민들에게 내라고 한 세금 10만 냥과 경상우병사 백낙신이 내라고 한 세금 6만 냥, 모두 합쳐 16만 냥을 어떻게 할 것인가였어.

이 16만 냥은 실은 관리들이 중간에서 떼어먹은 돈이었어. 그것을 애꿎은 농민들에게 내라고 한 거야. 그러니 농민들은 분노할 수밖에 없었지.

회의에서는 의견이 엇갈렸어. 등장을 올려서 부드럽게 문제를 풀자는 사람도 있고, 그런 방법으로는 아무것도 해결되지 않으니 가만있어선 안 된다고 주장하는 사람도 있었어. 그때 누군가가 외쳤단다.

"우리의 뼛속을 파먹는 서리놈들과 백낙신에게 본때를 보입시다!"

여기저기서 "옳소, 옳소!" 하는 소리가 터져 나왔어. 이때 유계춘과 이계열이 소리쳤어.

"머리에 흰 수건을 두르고 손에는 몽둥이를 듭시다!"

유계춘과 이계열은 앞장서서 진주 읍내로 향했어. 성난 농민들이 뒤를 따랐지. 농민들은 평소 악명 높았던 서리들의 집

등장과 소지

백성들이 해결하기 어려운 문제가 생겼을 때, 관청의 도움을 받기 위해 여러 사람의 이름으로 올리는 진정서를 '등장'이라고 해. 여러 사람이 아니라 한 사람이 올리는 것은 '소지'라고 했단다. 등장이나 소지를 올리면 관청에서는 적절한 답변을 해 주게 되어 있었어.

아전과 서리

관청에서 일하는 낮은 관리들을 일컫는 말이야. 고을 수령 밑에서 일하는 '이방, 호방, 예방, 병방, 형방, 공방' 등이 대표적이란다. 이들 중에는 백성을 괴롭히는 데 앞장섰던 사람들도 있었기 때문에, 특히 농민 봉기 때 원망의 대상이 되었어.

을 부수고 불태워 버렸어.

 농민들이 일어섰다는 소식을 들은 경상우병사 백낙신이 읍내로 나왔어. 백낙신은 자기가 타이르면 농민들이 순순히 물러설 거라고 자신만만했어. 하지만 그건 농민들이 얼마나 억울함과 분노에 차 있는지 조금도 이해하지 못한 태도였지.

 농민들은 백낙신을 에워싸고 매섭게 따졌어. 관리들이 세금을 빼돌려 떼어먹은 일, 농민들에게 강제로 세금을 거두고 또 떼어먹

농민 봉기
진주의 농민들은 가혹한 세금에 분노했어.
나무꾼 이계열과 몰락 양반 유계춘이 앞장을 서고,
성난 농민들이 뒤를 이어 진주 읍내로 향했단다.

은 일……. 따져 묻는 농민들 앞에서 백낙신은 꼼짝을 못했단다. 농민들은 관리 중에서도 가장 악명 높은 이방 김준범, 포리 김희순을 데려다가 곤장 수십 대를 때린 다음 불 속에 던져 버렸어. 이방 김준범의 아들 만두는 아버지를 구하려다가 성난 농민들에게 죽고 말았단다.

농민들은 백낙신에게 세금을 거두지 않겠다는 약속을 하라고 했어. 겁에 질린 백낙신은 그러마고 약속을 했단다. 농민들은 백낙신을 풀어 주었어. 하지만 그것으로 농민들의 분노는 가라앉지 않았어. 농민들은 평소 그들을 괴롭히던 포악한 지주들의 집으로 몰려갔어. 정남성, 성부인, 최진사 들은 지주의 땅을 빌려 농사를 지을 수밖에 없는 가난한 농민들에게 횡포를 부려 원성을 사고 있던 사람들이었어. 세 지주의 집은 이내 불길에 휩싸였단다.

진주에서 농민들이 봉기했다는 소문은 삽시간에 이웃 마을로 퍼져 나갔어. 사는 동네는 달라도 형편은 비슷했던 농민들의 가슴은 터지기 일보직전이었어. 누군가 불만 붙이면 단번에 폭발해 버릴 폭탄처럼 말야.

농민들의 봉기는 경상도, 전라도, 충청도로 번져 나갔어. 경상도의 함양, 성주, 밀양, 울산, 전라도의 익산, 무주, 무장, 영광, 장수,

19세기에는 전국 각지에서 농민 봉기가 들불처럼 일어났어. 오랫동안 굶어 온 부정부패에 더 이상 참을 수 없게 된 농민들이 들고일어난 거야.

함평, 충청도의 은진, 공주, 회덕, 청주까지 번져 나갔어. 봉기가 일어난 곳은 모두 71곳. 그런데 71곳은 정식으로 나라에 보고된 경우만 헤아린 거야. 보고되지 않은 봉기까지 합하면 훨씬 많단다. 1862년, 한반도 남쪽은 뜨겁게 타오르고 있었어.

뼛속까지 도려내는 세금

진주 농민들이 봉기한 까닭은 세금 때문이었다고 했지? 진주 농민들뿐 아니라 다른 곳의 농민들도 세금에 불만을 갖기는 마찬가지였어. 농민들의 불만이 집중된 세금은 '토지세, 군포, 환곡'이었어. 이 세 가지 세금을 '삼정'이라고 한단다. 토지세는 땅에 대한 세금이고, 군포는 16세부터 60세까지의 양인 남자가 내야 하는 세금이야. 환곡은 식량이 떨어진 봄철에 농민들에게 쌀을 꾸어 주었다가 추수한 다음에 이자를 붙여 돌려받는 것이었어.

원래 세금은 내야 할 사람이 내는 것이야. 토지세는 토지를 갖고 있는 사람이 내고, 환곡은 쌀이 필요해서 빌려 간 사람이 내고, 군포는 해당되는 사람만 내면 되는 거란다. 그런데 어쩐 일인지 당시 세금은 내야 할 사람이 내는 것이 아니라 낼 필요가 없는 사람, 낼 수 없는 사람이 내게 되어 있었어.

왜 이런 일이 벌어졌을까? 근본 원인은 나라에서 세금을

*三 석삼
政 정사정

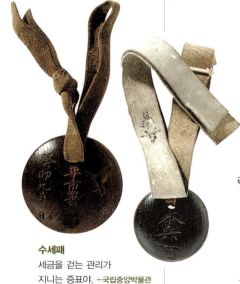

수세패
세금을 걷는 관리가 지니는 증표야. —국립중앙박물관

매기는 방식에 있었어. 그때 나라에서는 각 지방마다 내야 할 세금의 총 액수를 미리 정해 놓고, 그 액수를 각 지방에서 알아서 채우라고 했어. 예를 들어 전라도에서 내야 할 세금이 총 10만 냥이라면, 그 10만 냥을 전라도에 속해 있는 여러 마을들이 알아서 거둬 내라는 거야.

그런 데다가 한번 정해진 세금의 총 액수는 토지가 줄어들거나 군포를 낼 남자의 숫자가 줄어들어도 변하질 않았어. 때문에 각 마을에서는 마을 전체에 할당된 세금의 액수를 맞추느라 별별 일이 다 벌어졌단다.

군포의 경우, 열여섯 살은커녕 갓 태어난 어린 남자아이에게도 군포를 거두거나, 죽은 지 오래된 남자도 살아 있는 것처럼 장부를 거짓으로 꾸며 군포를 거뒀어. 또, 환곡은 필요하지도 않은 사람들에게 강제로 꾸어 준 다음 비싼 이자를 붙여 받아 내기도 하고, 지푸라기나 모래가 섞인 나쁜 쌀을 빌려 주기도 했어. 더구나 저울을 속여 적게 빌려 주고는 받을 땐 제대로 다 받는 일도 있었지.

| 조선의 조운 체계 |

조운은 여러 지방의 세금을 배로 실어 서울로 나르는 일이고, 조창은 곡식을 세금으로 거둘 때 이용하던 창고란다.

조선 시대의 조운선(복원)
각 지방에서 거둬들인 세금은 배로 한강까지 운반되었어. 이때 세금을 실어 나르는 배를 조운선이라고 했단다. —국립민속박물관 농민들은 세금 액수를 맞추기 위해 뼛속까지 도려내는 고통을 겪어야만 했어. 그런 고통을 잘 표현한 시가 있단다. 실학자 정약용이 지은 '애절양'이란 시야. 정약용은 전라남도 강진에서 귀양살이를 하면서 농민들의 고통을 누구보다도 가까이서 보고 들을 수 있었어. 그럼 '애절양'의 한 대목을 보자.

시아버지 죽어서 이미 상복 입었고
갓난아인 배냇물도 안 말랐는데
삼대의 이름이 군적에 실리다니

달려가서 억울함을 호소하려 해도
호랑이 같은 문지기가 버티어 있고
이정이 호통하여 한 마리뿐인 소만 끌려갔네

세상 떠난 시아버지와 갓난아이의 군포를 내야 하는 농민의 아내가 슬피 울며 한탄하는 내용이야.

그뿐인 줄 아니? 세금을 거두는 관리들은 중간에서 세금을 몰래 빼돌려 자기 호주머니에 넣곤 했어. 진주 농민 봉기의 원인이 된 백낙신도 자신이 빼돌린 6만 냥을 애꿎은 백성들에게서 거둬 채우려다가 망신을 당한 거란다. 또, 힘 있고 권세 있는 자들은 관리들과 짜고서 세금을 내지 않았어.

이런 부정부패가 아무리 많아도 한 마을에서 부담해야 하는 총

액수만 맞으면 되었기 때문에 억울한 백성이 관청에 호소해 봐야 소용없었어. 진주 농민 봉기에 앞장섰던 유계춘과 이계열이 관청에 호소해 봐야 아무 소용없다면서 농민들의 단결된 힘을 보여 줘야 한다고 주장한 까닭은 바로 그것이었어.

❗ 농민들은 세금을 얼마나 냈을까?

실학자 정약용은 농민들이 내야 하는 세금에 대해 자세한 기록을 남겨 놓았어. 그에 따르면, 전라도의 농민은 보통 6백 두의 쌀을 거두는데, 풍년에는 8백 두, 흉년에는 4백 두 정도 거뒀다고 해.

그런데 농민 중에서 자기 땅이 없어 지주의 땅을 빌려 농사짓는 소작 농민은 지주에게 수확의 절반을 소작료로 주어야만 했어. 6백 두 중 3백 두는 지주에게 바치고, 나머지 3백 두를 갖고 살림도 하고 세금도 내야 했던 거야.

벼 베기 농민들은 열심히 일했지만 생활은 어려웠어. 조선 후기의 화가 심사정의 그림이야. —국립중앙박물관

농민이 내야 하는 세금은 토지세, 군포, 환곡을 모두 합쳐 1결당 76두가 넘었어. 그러니까 소작 농민은 남은 3백 두의 약 25퍼센트에 달하는 76두를 세금으로 내고, 나머지로 먹고살아야 했지. 그것은 5인 가족의 1년 식량도 안 되는 것이었어. 이렇게 소작료와 세금을 내고 나면 먹을 것도 부족한 것이 당시 소작 농민들의 생활이었단다.

부정부패의 뿌리는 부패한 정치!

그런데 지방 관리들의 부정부패를 캐어 보면 당시 정치를 맡고 있던 지배층의 부정부패에 그 뿌리가 닿아 있었어. 그때 왕은 이름만 왕일 뿐, 실제 정치는 안동 김씨니 풍양 조씨니 하는 권세 있는 집안의 손에 들어가 있었단다. 이렇게 특정 집안이 정치를 뒤흔드는 것을 '세도 정치'라고 한다 했지?

세도 정치 아래서 관리들은 타락해 갔어. 권세가와 줄이 닿으면 무슨 짓이라도 할 수 있었고, 돈 주고 관직을 사고파는 일도 흔했어. 돈을 바치고 관직을 얻은 관리는 제가 들인 밑천을 뽑기 위해 백성들로부터 수단 방법을 가리지 않고 세금을 거둬들이게 마련이었어. 그런 가운데 당하는 건 힘 없는 백성들뿐이었단다.

지방 관리들과 손잡고 농민들을 직접 괴롭힌 것은 그 마을 출신의 아전, 양반들이었어. 그래서 봉기를 일으킨 농민들의 최초 표적이 된 것은 세금 거두는 데 앞장선 아전, 탐욕스러운 부자들이었단다. 농민들은 이들의 집을 부수거나 태워 버리고, 고을 관청에 보관되어 있던 세금 장부를 찾아 불태워 버렸어. 진주 농민들이 이방 김준범을 비롯한 아전들을 죽이고, 지주들의 집에 불을 지른 까닭도 바로 그 때문이란다.

농민 봉기가 들불처럼 번지자, 나라에서는 사람을 보내 조사에 나섰어. 나라에서도 농민 봉기의 원인이 삼

마패
마패는 먼 곳으로 출장 가는 관리들이 무료로 말을 빌릴 수 있는 증표야. 빌릴 수 있는 말의 숫자가 그림으로 그려져 있어. 아래의 마패에는 네 마리가 그려져 있으니 말 네 마리를 빌릴 수 있었겠지?

국립민속박물관

전쟁기념관

정의 문란에 있다는 것을 어렴풋이 깨달았어. 진주에 파견되었던 박규수는 왕에게 특별 부서를 만들어 삼정의 문제점을 고쳐야 한다고 건의했어. 그 결과 '삼정이정청'이 설치되었단다. 그러나 삼정이정청은 제 역할을 하지도 못하고 흐지부지되고 말았어.

조선 후기 농민들의 대부분은 자기 땅이 없는 소작 농민이었어. 그리고 지주는 대부분 양반이었지. 소작 농민은 무거운 소작료와 세금을 내야 하는데, 양반 지주는 세금을 한 푼도 내지 않아도 되는 것이 당시의 제도였어. 그런 데다가 당시 지배층은 제 한 몸의 부귀영화를 위해 부정부패를 일삼고 있었어. 농민 봉기는 그런 제도와 사회에 대한 강렬한 비판이자 저항이었어. 그 비판과 저항이 화산처럼 폭발한 것이 바로 1862년의 농민 봉기였던 거야.

삼정이정절목

삼정의 어떤 점을 바로잡아야 하는지 삼정이정청에서 정해 놓은 문서란다. 삼정이정청은 농민 봉기의 원인이 된 삼정의 문제점을 고치기 위해 세운 특별 부서였는데, 제대로 활동하지도 못하고 흐지부지되고 말았어.

자매문기
자신과 가족을 노비로 파는 문서를 '자매문기'라고 해. 사진은 임백동이 5년 동안 밀린 소작료 대신에 딸 분속이를 지주에게 바친다는 문서야.
—전북대학교박물관

홍경래와 정주성 싸움

진주 농민 봉기보다 약 50년 전에 평안도에서 커다란 농민 봉기가 일어났단다. 이것을 봉기를 이끈 지도자의 이름을 따서 '홍경래의 봉기' 라고 불러.

홍경래는 무려 10년 동안 거사 준비를 했어. 운산의 촛대봉에 금광을 열어 놓고 사람들을 모아 군사 훈련을 시켰고, 추도라는 섬에서 가짜 돈을 만들어 무기를 사들였지.

드디어 1811년 12월 18일, 거사가 시작되었어. 처음에는 봉기군이 훨씬 우세했어. 열흘 만에 평안도의 주요 지역을 손에 넣었단다. 그러나 시간이 갈수록 관군에게 밀렸어. 밀려난 봉기군은 정주성으로 들어갔어. 근처에 사는 농민들도 정주성으로 따라 들어갔단다. 왜냐하면 관군이 봉기에 참여하지 않은 무고한 사람들까지 마구잡이로 죽였기 때문에 피해서 도망을 친 거야.

관군은 정주성을 겹겹이 포위했어. 그러나 정주성은 흔들리지 않았어. 한마음 한뜻이 되어 관군에 대항했단다. 관군은 마지막 수단으로 성벽 밑에 굴을 팠어. 그리고 어느 날 새벽, 굴속에 화약을 잔뜩 집어넣은 다음 불을 붙였단다. 화약이 대폭발을 일으키면서 성벽이 무너졌어.

그 틈을 타 관군은 성안으로 밀고 들어가 정주성을 함락시켰단다. 홍경래 들이 거사를 일으킨 지 약 1백 일 만이었어.

홍경래의 봉기는 농민들을 위한 개혁을 주장하지는 않았어. 그러나 4개월 동안 계속된 이들의 봉기는 지배층의 간담을 서늘하게 만들기에 충분했어. 농민들은 자신들도 지배층에 맞서 싸울 수 있다는 자신감을 얻었어. 그 자신감은 50년 뒤, 진주를 비롯한 남부 지방에서 농민 봉기가 일어나는 데 큰 힘이 되었단다.

정주성을 공격하는 관군들 정주성에서 사로잡힌 사람들은 약 3천 명. 그중 열 살이 안 된 어린이와 여자를 뺀 1천 9백여 명은 모두 처형당했어.

서학과 동학

1864년

청나라를 통해서 들어온 서양의 문물과 천주교를 '서양의 학문'이란 뜻으로 '서학'이라 했어. 서학은 처음엔 학자들의 연구 대상이었어. 이름깨나 있는 학자나 관리들치고 서학 책을 보지 않은 사람이 없을 정도로 관심을 끌었단다. 그러나 대개는 서양 과학 기술과 문명에 호기심을 가졌을 뿐 천주교를 신앙으로 믿지는 않았어. 그런데 차츰 천주교를 신앙으로 받아들이는 사람들이 생겨났단다.

1871년
신미양요 일어남
(미군이 강화도 침략)

1876년
일본과 강화도 조약 맺음

1864년
조선 시대 동학 교주 최제우 처형됨

조선 후기에 일어난 여러 가지 변화 중에 눈에 띄는 것은 새로운 사상과 종교의 등장이란다. 좀 더 자세하게 말하면 서양의 기독교가 들어온 일이야.

- 기독교는 크게 천주교와 개신교로 나뉘는데,
- 우리나라에는 천주교가 먼저, 개신교가 나중에 들어왔어.
- 그리고 서양에서 들어온 천주교가 안겨 준 충격을 비판하면서
- 그에 맞설 조선의 종교로 태어난 것이 바로 동학이었지.
- 그때 조선을 다스리고 있던 지배층은 이런 변화에 어떻게 대처했을까?
- 당시 조선의 지배층은 성리학으로만 세상을 바라보았어.
- 오로지 성리학만이 옳고 바른 학문이요 사상이라고 믿으면서,
- 다른 것은 야만스러운 오랑캐나 하는 짓이라고 멸시했단다.
- 그래서 조선의 지배층은 성리학이 아닌 다른 사상을 '사학(邪學)'이라며 금지시켰어.
- '사학'이란 올바르지 않은 사악한 학문이라는 뜻이야.
- 지배층은 성리학 이외의 어떤 것도 인정하지 않으려 했지만,
- 빠른 속도로 퍼져 가는 새로운 사상과 종교를 막을 순 없었어.
- 자, 오늘은 조선 후기에 등장한 새로운 사상과 종교에 대해 알아보자.

1884년
개화파, 갑신정변 일으킴
(3일 천하)

1894년
동학 농민 운동 일어남

1895년
을미사변 일어남
(일본 자객이 명성황후 시해)

1898년
대한제국
최초로 전차 개통(서대문-종로-홍릉)

● 천주교가 우리나라에 처음 알려진 건 임진왜란 때였어. 당시 일본군을 이끌고 온 고니시 유키나가라는 장군이 있었는데, 그는 독실한 천주교도였단다. 그의 부하들도 대부분 천주교도였어. 그때 일본에는 천주교가 제법 널리 퍼져 있었어. 일본에 와서 장사를 하던 네덜란드 사람들에 의해서 퍼진 것이었지.

고니시 유키나가는 출전할 때 천주교도 부하들을 위해 세스페데스라는 포르투갈 신부를 데리고 왔어. 이 사람이 우리나라에 온 최초의 천주교 신부였단다. 그렇지만 그는 조선 사람들에게는 별다른 관심을 갖지 않고 오로지 일본군을 위해서만 일했어.

천주교와의 두 번째 만남은 임진왜란 후 명나라에 사신으로 갔던 이수광이 이탈리아 신부 마테오리치가 쓴 《천주실의》라는 책을 가져온 것이었어. 《천주실의》는 마테오리치가

마테오리치
이탈리아 신부 마테오리치는 중국 명나라에 천주교를 전파하는 데 아주 큰 역할을 한 사람이야. 그가 쓴 《천주실의》는 우리나라에도 들어와 한글로 번역되었어.

명나라에 천주교를 알리기 위해서 쓴 책이란다.

그리고 세 번째 만남은 지난번 책에서 엄마가 얘기했던 소현 세자가 병자호란 때 청나라에 인질로 잡혀가 북경에서 독일인 신부 아담 샬을 만나 천주교와 서양의 과학 문명을 소개받은 일이었지.

세스페데스나 소현 세자는 천주교 전파에 별다른 영향을 미치지 못했어. 그리고 이수광이 가져온 《천주실의》도 관심 있는 사람들 사이에서 읽히긴 했지만, 당시 천주교 전파에는 큰 역할을 하지 못했단다.

최초의 세례교인 이승훈

소현 세자가 죽은 지 1백 여 년 뒤인 1784년, 청나라의 수도 북경에서 한 조선 청년이 서양인 신부에게 세례를 받았어. 세례명은 '베드로'. '반석'이란 뜻이야. 그 청년의 이름은 이승훈. 우리나라 최초의 세례교인이란다.

북경에 있던 서양인 신부들은 깜짝 놀랐어. 미지의 나라 조선에서 스스로 천주교도가 되겠다고 찾아온 청

세례 받는 이승훈
이승훈은 우리나라 최초로 세례를 받은 사람이야. 중국으로 가는 사신을 따라 북경에 가서 거기 와 있던 서양 신부에게 세례를 받았지.

천진암 터
천진암은 원래 절이었어. 그런데 천주교에 관심을 가진 이벽, 권철신, 정약종 등이 이곳에 모여 교리 공부를 하고 토론을 벌였단다. 지금은 이벽, 이승훈, 정약종 등의 무덤이 있는 천주교 성지가 되었지. 경기도 광주에 있어.

년이 있다는 사실에 감격해 마지않았던 거지. 당시 한 신부는 그 감격을 이렇게 편지로 썼단다.

"그의 나라는 선교사가 한 번도 방문한 적이 없는 조선이라는 곳으로, 중국의 동쪽에 있는 반도입니다. 작년 말 도착한 사신 일행이 우리 교회당을 찾아온 적이 있습니다. 그중 남달리 학식이 깊고 쾌활한 스물일곱 살 된 청년이 있었는데, 귀국하기 얼마 전 그라몽 신부가 그에게 세례를 베풀고, '베드로' 라는 이름을 주었습니다."

이승훈은 실학자 정약용의 매부란다. 그는 양반 집안에서 태어났으나 천주교와 서양 과학 기술에 관심을 갖고 있다가, 사신으로 가는 아버지를 따라 북경에 가서 그곳에 와 있던 서양 신부들을 만난 거야.

그 무렵 조선에는 이승훈처럼 천주교나 서양 문물에 관심을 가

최초의 신부 김대건 동상

김대건은 우리나라 최초의 신부야. 어렸을 때 서양인 신부를 따라 마카오에 가서 신학을 공부하고 신부가 되었어. 그 후 귀국하여 천주교를 전파하다가 체포되어 스물여섯 살에 처형되었지. 사진은 절두산 순교 박물관 앞에 있는 김대건 신부의 동상이야. 서울 마포구 합정동에 있어.

*西 서녘 서
 學 배울 학

진 사람들이 꽤 있었어. 이들은 청나라를 오가는 사신들이 가져온 서양 관련 책들을 읽고 관심을 갖게 되었어. 이렇게 청나라를 통해서 들어온 서양의 문물과 천주교를 '서양의 학문'이란 뜻으로 '서학'이라 했어. 서학은 처음엔 학자들의 연구 대상이었어. 이름깨나 있는 학자나 관리들치고 서학 책을 보지 않은 사람이 없을 정도로 관심을 끌었단다. 그러나 대개는 서양 과학 기술과 문명에 호기심을 가졌을 뿐 천주교를 신앙으로 믿지는 않았어. 그런데 차츰 천주교를 신앙으로 받아들이는 사람들이 생겨났단다. 이승훈은 그런 사람 중의 하나였어.

세례를 받은 이승훈은 교리서, 십자가상, 성화, 묵주 등을 갖고 조선에 돌아왔어. 그리고 주위 사람들에게 천주교를 전파했단다. 이승훈은 이벽, 정약용 형제, 권철신, 김범우 들과 함께 한양 명례

명동 성당
우리나라 천주교 교회를 대표하는 서울의 명동 성당이야. 천주교 최초의 순교자인 김범우가 살던 집터에 세워졌어. 이 사진은 1920년에 찍은 거란다.

방(지금의 명동)에 있는 김범우의 집에서 일주일에 한 번씩 모여 예배를 드리고, 교리 공부를 했어. 이것이 바로 우리나라 최초의 천주교 교회란다. 외국인 선교사로부터 전도받은 것도 아니고, 교황이 임명한 성직자도 없이 스스로 만든 교회였어.

그러던 어느 날, 김범우의 집에 의금부 군사들이 들이닥쳤어. 나라에서 금지하는 종교를 믿는다는 죄목이었어. 그때 조선은 성리학 외에는 어떤 종교나 사상, 학문도 인정하지 않았거든.

붙잡힌 사람들 중에 다른 이들은 양반 신분이라 풀려났지만, 역관인 김범우는 중인 신분이었기 때문에 충청도 단양으로 귀양을 가야 했어. 그는 거기서 죽었단다. 김범우는 최초의 순교자가 된 거야. 나중에 김범우가 살던 집터에 성당이 들어섰으니, 그것이 바로 지금 서울 명동에 있는 '명동 성당'이란다.

서학을 금지한 까닭

나라에서 서학을 금지한 까닭은 서학이 성리학을 근본으로 하는 사회 질서를 어지럽히고, 윤리 도덕을 해치며, 나라에 도전한다고 생각했기 때문이야. 당시 천주교도들은 제사를 지내지 않았어. 이것은 성리학이 가장 중요시하는 '효'와 '충'을 정면으로 거부하는 반역 행위로 여겨졌단다.

1791년에 이런 일이 있었어. 전라도 진산에 사는 양반 윤지충이 서학을 믿었는데, 어머니가 세상을 떠났는데도 제사를 지내지 않았단다. 나라에서는 윤지충을 잡아들여 사회 질서를 어지럽히고 백성들을 나쁜 길로 이끈다는 이유로 사형에 처했어. 뿐만 아니라 궁궐에 보관되어 있던 서학 책들을 모조리 불태운 다음, 앞으로 서학을 믿는 것은 물론이요, 서학에 관한 책을 갖고 있기만 해도 엄벌에 처한다고 명령했어.

하지만 서학은 비밀리에 퍼져 나갔어. 초기에 서학을 믿은 사람들은 대개 당쟁에서 밀려난 남인이었다고 했지? 최초의 세례교인 이승훈도 남인이었어. 서학이 당쟁에서 진 사람들 사이에 퍼진 탓에, 서학 탄압의 껍질은 종교 탄압이었지만, 속은 권력 싸움인 경우가 많았어.

서학 탄압은 정조가 죽은 뒤 본격적으로 시작되었어. 정조가 신임한 사람 중에는 서학에 호의적인 사람들이 많았거든. 정조가 죽

척사윤음
'사악한 학문인 천주교를 배척한다'는 왕의 명령서야. 1839년 헌종 때 발표되었지. 백성들이 이해하기 쉬운 한글로 쓴 걸 보면, 천주교가 이미 백성들 사이에 널리 퍼져 있었다는 사실을 알 수 있어. —국립중앙박물관

절두산 순교 박물관
절두산은 서울의 한강 가에 솟아 있는 절벽이야. 원래 이름은 '용두봉', '잠두봉'이었어. 그런데 이곳에서 수많은 천주교도들이 처형된 뒤부터 '머리 잘리는 산'이라는 뜻으로 '절두산'이라고 불렸지. 절두산 순교 박물관은 이곳에서 죽어간 천주교도들을 위해 세운 거야.

은 뒤 권력을 잡은 노론은 정조가 신임했던 사람들에게 서학을 믿는다는 죄를 씌워 귀양을 보내거나 죽여 버렸단다. 이를 '신유박해'라고 해. 신유박해로 청나라 신부 주문모를 비롯하여 3백여 명의 천주교도들이 처형당했단다.

이렇게 나라에서는 서학을 믿는 것을 엄금했지만, 서학은 꾸준히 퍼져 나갔어. 마침내 천주교를 믿을 자유가 인정된 것은 1886년 프랑스와 통상 조약을 맺은 뒤부터야. 이승훈이 세례를 받은 지 102년 만의 일이었어.

그런데 천주교도 중에는 신앙의 자유를 얻기 위해서라는 이름 아래 서양의 앞잡이 노릇을 한 사람들도 꽤 있었어. '조선을 공격해 달라.'는 편지를 북경에 있는 주교에게 보내려다가 발각당해 처형된 황사영, 병인양요와 신미양요 때 서양 군대의 길잡이 노릇을 한 조선인 천주교도 들이 그런 인물이란다.

서학에 대결하는 동학

외국에서 들어온 서학이 한창 퍼져 갈 무렵, 나라 안에서도 새로운 종교가 태어났어. 최제우가 창시한 '동학'이란다. 최제우는 왜 새로운 종교를 만들었을까? 그리고 하필 '동학'이라는 이름을 붙였을까?

최제우는 1824년에 경주에서 양반집의 자식으로 태어났어. 최제우는 총명해서 어려서부터 성리학 공부를 했지만, 열여섯 살 때 아버지가 돌아가시자 공부를 그만두고 전국 방방곡곡을 떠돌아다니면서 사람들이 어떻게 살고 있는지 눈여겨보았단다. 당시 그가 본 백성들의 생활은 너무 어려웠어. 백성들은 그보다 더 가난할 수 없을 만큼 가난했고, 지배층은 권력과 돈만 탐내고 있었어. 그런 가운데 서학이 빠른 속도로 퍼져 나가고 있었지.

*東 동녘 동
學 배울 학

최제우는 활쏘기, 말달리기에 몰두하기도 하고 장사를 해보기도 하고, 의술과 점술에 관심을 기울여도 보고, 불교와 서학 공부도 하면서 혼란한 세상을 구할 방법을 찾아 오랫동안 헤맸단다. 그러기를 10여 년, 마흔 살이 된 최제우는 드디어 깨달음을 얻었어. 동학의 경전인 《동경대전》에는 최제우가 상제의 계시를 받아 깨달음을 얻는 장면이 잘 묘사되어 있단다.

경주 구미산 용담정에 집을 짓고 기도를 드리던 최제우는

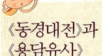

《동경대전》과 《용담유사》

《동경대전》과 《용담유사》는 최제우가 지은 동학의 경전이야. 최제우가 처형당할 때 불태워졌는데, 2대 교주 최시형이 그 내용을 모두 외우고 있다가 나중에 다시 만들었단다.

별안간 마음이 아찔해지고 몸이 부들부들 떨렸어. 그때 어디선가 목소리가 들려왔어.

"세상 사람들은 나를 상제라고 부르느니라. 헌데 어찌하여 너는 나를 알아보지 못하느냐?"

"어찌하여 미천한 소인에게 나타나셨습니까?"

"내 오랜 세월 지내 오면서 세상을 걱정하였노라. 그러나 세상은 여전히 도탄에 빠져 있으니 참으로 보람이 없구나. 너를 통해 나의 법을 사람들에게 전하고자 하니, 내 말을 의심하지 마라."

"그럼 천주교로 사람들을 가르치고자 하십니까?"

"아니다. 나는 신령한 부적을 갖고 있다. 그 이름은 '선약'이라

용담정

최제우가 상제의 계시를 받아 깨달음을 얻은 곳이야. 최제우는 누구든 동학에 들어와 자기가 가르쳐 주는 주문을 정성껏 외면 도를 깨칠 수 있다고 했어. 용담정은 경주 구미산에 있어.

동학은 경상도에서 시작되어 전라도, 충청도, 경기도뿐 아니라 전국 각지로 퍼져 나갔어.

하고, 그 모양은 '태극'이나 '궁궁'처럼 생겼다. 이것을 갖고 병으로 고통 받는 사람들을 구해 주어라. 또, 너에게 주문을 줄 터이니 이 주문을 가르쳐서 나를 위하게 하라. 그러면 너도 오래 살아 온 세상을 이롭게 하리라."

이때부터 최제우는 동학을 널리 포교하기 시작했어.

동학은 창시된 지 3년 만인 1863년에는 교인이 3천여 명이 되었단다. 각 지역에 '접'과 '접주'를 두어 신도들을 모으고 가르쳤어.

최제우는 서학이 서양이라는 거대한 힘을 배경으로 활동하고 있기 때문에 서학이 퍼지는 것을 내버려 두면 조선은 결국 서양의 지배 아래 들 거라고 생각했어. 또, 최제우는 백성들을 위해서는 변화와 개혁이 꼭 필요하다는 사실을 누구보다 잘 알고 있었어. 개혁을 하지 않으면 백성들을 모두 서양에 빼앗길 거라 염려했단다. 최제우가 새로운 종교를 만든 건 바로 그 때문이야.

최제우는 성리학으로는 백성들이 원하는 변화와 개혁을 이룰 수 없고, 서학은 변화와 개혁을 이룰 수 있을지는 모르나 서양의 지배 아래 드는 일이니, 개혁과 백성의 마음 두 가지를 다 얻으려면 새로운 종교가 필요하다고 생각한 거야. 그래서 그는 새로운 종교의 이름을 서학에 대결한다는 뜻으로, '동학'이라 이름 붙였어.

동학에는 유교, 불교, 도교뿐 아니라 무속 신앙이나 《정감록》 등 당시 사람들 사이에 유행하던 여러 민간 사상이 녹아 있어. 또, 동학은 서학과 대결하기 위해 창시된 것이지만, 서학의 장점들을 충분히 받아들였단다.

동학의 핵심은 두 가지야. '사람이 곧 하늘' 이라는 '인내천' 사상과 '후천 개벽' 사상이지. '사람이 곧 하늘' 이라는 인내천 사상은 '사람마다 마음속에 하느님이 들어 있다', '사람은 모두 평등하다' 는 뜻이기도 해. 이것은 양반과 상민의 신분 차별이 엄격하던 당시에 어마어마하게 충격적인 주장이었어.

그러나 당시 조정에서는 동학을 백성들을 유혹하는 사악한 종교라면서 금지시켰어. 후천 개벽과 평등을 외치는 동학의 교리는 지배층에게는 매우 위험한 것으로 여겨졌기 때문이야. 그래서 1864년 3월, 교주 최제우를 잡아들여 대구 장대(지금의 대구 달성공원)에서 처형했단다.

최제우는 잡히기 직전, 자기 뒤를 이어 동학을 이끌어 갈 2대 교주로 최시형을 택했어. 최제우는 양반 출신이었지만 최시형은 농사꾼의 아들로, 어려서 고아가 되어 온갖 궂은일을 해 온 사람이었

천도교 중앙대교당
동학은 천주교나 개신교보다 훨씬 늦게 신앙의 자유를 인정받았어. 천도교로 이름을 바꾼 뒤인 1907년에야 신앙의 자유를 인정받았단다. 서울시 종로구에 있어.

* 人 사람 인
乃 곧 내
天 하늘 천

어. 최시형은 나라 안 구석구석을 돌아다니며 백성들 속으로 파고들어 가 동학을 퍼뜨렸어. 그는 이렇게 가르쳤단다.

"동학은 호미나 지게 들고 다니는 사람 속에서 많이 나올 것이다."

"부자와 높은 사람, 글 잘하는 사람은 도를 통하기 어렵다."

"아이를 때리는 것은 하느님을 때리는 일이니 하지 마라."

최시형
동학이 널리 퍼진 데는 2대 교주 최시형의 공로가 매우 컸어. 그러나 그는 사악한 종교를 퍼뜨렸다는 죄목으로 붙잡혀 처형당했단다.

 《정감록》

《정감록》은 조선 시대에 유행한 예언서란다. '정감'과 '이심'이라는 두 사람이 금강산을 구경하면서 주고받는 이야기로 되어 있어.

이야기의 핵심은 이씨 왕조는 운수가 다했고, 정 진인이 나타나 정씨 왕조를 열고 새 세상을 이룬다는 거야. 조선은 5백 년 만에 망할 것이며, 정씨 왕조는 계룡산에서 8백 년 동안 도읍한다고 했어. 또, 조선 왕조가 망할 때는 여러 징조와 재앙이 나타나는데, 이때 몸을 보존할 수 있는 피난처로 '십승지'가 있다고 했단다.

조선이 망하고 새 왕조가 등장하다니, 《정감록》은 당시 지배층에게는 반역의 책이었어. 그래서 《정감록》을 불태우고, 그 내용을 입에 담는 사람을 엄벌에 처했단다. 그러나 《정감록》은 계속 퍼져 나갔어. 백성들은 살기 좋은 새 세상을 몹시 바라고 있었기 때문이야.

나라에서는 동학을 금지시켰지만 최시형의 노력 덕택에 도리어 동학교도는 늘어만 갔어. 백성들 속으로 파고들어 간 동학은 30년 뒤인 1894년, 한반도를 뒤흔든 농민 운동의 저력이 되었단다. 동학은 1905년에 '천도교'로 이름을 바꾸어 오늘날까지 이어지고 있어.

왕실의 후원을 받은 개신교

개신교는 천주교보다 약 1백 년 뒤에 들어왔어. 미국 공사관 소속 선교사 겸 의사 호레이스 알렌이 조선 땅에 발 디딘 1884년 9월 22일을 개신교가 처음 들어온 날로 삼고 있단다. 그때, 천주교와 동학은 여전히 금지된 종교였어. 그런데 개신교는 왕실과 친하게 지내면서 왕실의 지지와 도움으로 급속히 퍼져 나갔단다. 어떻게 그럴 수 있었을까?

알렌 부부
알렌은 선교사로 온 지 10여 년 만에 주한 미국 공사가 되었어. 공사관 앞에 서 있는 알렌 부부의 모습이야. 오른쪽의 키 큰 사람이 알렌이란다.

알렌이 서울에 온 지 석 달이 채 못 되었을 때, 개화파의 갑신정변이 일어났어. 갑신정변은 알렌에게 아주 좋은 기회를 안겨 주었어. 갑신정변이 일어나던 날, 우정국 파티에서 왕비의 조카요 수구파의 우두머리인 민영익이 칼에 맞아 쓰러졌단다. 그때 중태에 빠진 민영익을 치료해 목숨을 건져 준 사람이 바로 알렌이었어. 왕비 민씨와 고종은 민영익을 살려 준 데 대해 알렌에게 매우 고마워했어. 그래서 알렌은 왕비 민씨와 고종이 가장 신임하는 외국인이 되었단다.

알렌 덕택에 다른 미국 선교사들도 덩달아 신임을 받으며 그 뒤부터 마음 놓고 선교 활동을 할 수 있게 되었어. 더구나 미국에게는 온갖 특권이 주어졌어. 운산 금광에서 금을 캐낼 권리, '서울-인천' 간 철도를 놓을 권리, 서울 시내에 전차와 수도 시설을 할 권리 등이 모두 미국에게 넘어갔단다. 그리고 알렌이 온 지 7개월

광혜원 알렌의 건의로 우리나라 최초의 서양 병원인 광혜원이 세워졌어. 이 병원이 바로 지금의 세브란스 병원이 되었단다. 서울 서대문구 연세대학교 안에 있어.

뒤인 1885년 4월, 미국 장로교 선교사 언더우드, 감리교 선교사 아펜젤러 부부가 인천에 도착했어. 또, 한 달 뒤에는 감리교 선교사 스크랜턴과 그 어머니가 도착했지. 뒤를 이어 영국 성공회, 호주 장로회, 캐나다 장로회, 침례교, 안식교, 구세군 등 여러 교파가 잇달아 들어왔단다. 이들은 왕실의 후원을 받아 교회와 학교를 세우고 개신교 전파에 힘을 썼어.

당시 사람들 중에는 이런 개신교를 좋게 보고, 개신교를 믿는 것이 곧 나라를 구하고 백성을 살리는 길이라고 생각하여 신도가 된 사람들이 적지 않았어. 안창호, 이상재가 그런 인물들이야. 그러나 을사조약이 맺어지고 일본의 지배가 더욱 강력해지면서, 개신교는 일본에 순종하는 쪽으로 차츰 변해 갔단다.

쇄국과 개화의 갈림길

1871년

서양 강대국들의 관심은 점차 변해 갔어.
단지 무역만 하는 게 아니라, 아예 동양을 식민지로 만들고 싶어 했단다.
서양 강대국들은 앞다퉈 동양으로 와서는 더 많은 식민지를 차지하기 위해 치열한 경쟁을 벌였어.
이들은 대포를 실은 군함으로 위협하면서 강제로 통상 조약을 맺은 다음,
결국은 식민지로 만들었단다.

1864년
조선 시대
동학 교주 최제우 처형됨

1871년
신미양요 일어남(미군이 강화도 침략)

1876년
일본과 강화도 조약 맺음

자, 지금 세운이와 엄마는 아주 중요한 시기에 와 있어.
서양 강대국들이 동양에 나타나 동양을 지배하기 시작한 시기야.
동양에서 살고 있는 우리에게 이 점은 매우 중요하단다. 왜냐하면 이 시기에
우리 역사는 서양과 직접 맞닥뜨려 예전과는 매우 다른 모습으로 변하게 되었기 때문이야.
서양 강대국들은 몇 백 년 전부터 동양에 오고 싶어 했어.
이유는 향료 무역을 하기 위해서였지. 향료란 후추처럼 독특한 향기와 맛을 내는 양념인데,
동양에서만 나기 때문에 이 향료를 서양에 갖다 팔면 아주 비싼 값을 받을 수 있었어.
아메리카에 도착한 콜럼버스도 향료 무역을 위해 인도로 가는 길을 찾다가
낯선 땅 아메리카에 도착한 거란다. 그런데 서양 강대국들의 관심은 점차 변해 갔어.
단지 무역만 하는 게 아니라, 아예 동양을 식민지로 만들고 싶어 했단다.
서양 강대국들은 앞다퉈 동양으로 와서는 더 많은 식민지를 차지하기 위해
치열한 경쟁을 벌였어. 이들은 대포를 실은 군함으로 위협하면서
강제로 통상 조약을 맺은 다음, 결국은 식민지로 만들었단다.
서양 강대국들의 이러한 태도를 '제국주의'라고 해.
제국주의 앞에서 아프리카, 인도, 중국이 차례로 무릎을 꿇었어.
그리고 이들은 마침내 조선에까지 왔단다. 이때 조선은 어떻게 대처했을까?

1884년
개화파, 갑신정변 일으킴
(3일 천하)

1894년
동학 농민 운동 일어남

1895년
을미사변 일어남
(일본 자객이 명성황후 시해)

1898년
대한제국
최초로 전차 개통(서대문─종로─홍릉)

● 조선의 바닷가에 처음 나타난 서양 군함은 프랑스의 부솔호였어. 부솔호의 지휘관은 해군 대령 페루즈. 1787년 5월, 페루즈는 제주도에 도착했어. 그는 제주도 해안을 측량한 다음, 다시 동해를 거슬러 올라가 또 다른 섬에 이르렀어. 페루즈는 자기가 처음 발견한 섬이니 이름을 지어 주어야겠다면서, 부솔호에 타고 있던 프랑스 육군 사관학교 교수 다쥴레의 이름을 따서 '다쥴레 섬'이라고 이름을 붙였단다.

다쥴레 섬이 도대체 어디일까? 그건 바로 울릉도였어. 페루즈는 울릉도를 자기가 처음 발견했다고 믿었지만, 울릉도는 페루즈가 도착하기 훨씬 전부터 이미 그곳에 있었다는 건 세운이도

부솔호
페루즈가 지휘하는 부솔호와 아스트롤라브호의 모습이야. 18세기 중반부터 조선의 바닷가에는 서양 배들이 자주 나타났는데, 이 배들을 '이양선'이라고 불렀어. 조선의 배와 다르게 생긴 낯선 배라는 뜻이야.

쇄국과 개화의 갈림길
153

*異樣船 다를 이 / 모양 양 / 배 선

잘 알고 있을 거야.

서양 사람들이 페루즈처럼 자기기 도착한 낯선 땅을 '발견' 했다고 믿으면서 이름을 붙인 경우는 아주 많단다. 그러나 그건 오래전부터 그곳에 살고 있던 사람들을 완전히 무시하는 태도라고밖엔 할 수 없지 뭐냐.

부솔호가 다녀간 뒤로, 조선의 바닷가에는 서양 배들이 자주 나타났어. 주로 영국, 프랑스, 미국, 러시아의 배였어. 그때 조선 조정은 서양 배들이 자주 나타나도 어느 나라 배인지 잘 몰라서 그냥 '이양선' 이라고만 불렀단다. 조선 배와는 다르게 생긴 배라는 뜻으로 말야.

프랑스군과 싸운 병인양요

조선의 바닷가에 이양선이 자주 나타날 즈음, 청천벽력 같은 소식이 들려왔어. 청나라가 서양과 통상 조약을 맺었을 뿐 아니라, 영국과 프랑스 군대가 청나라의 수도 북경을 점령했다는 소식이었어. 그리고 '양이' 들이 곧 조선에까지 쳐들어올 거라는 소문이 퍼졌단다. 당시에는 서양인들을 '서양 오랑캐' 라는 뜻으로 양이라고 불렀어.

*洋夷 바다 양 / 오랑캐 이

그때 조선을 다스린 사람은 흥선 대원군 이하응이었어. 흥선 대원군은 고종의 아버지란다. 열두 살밖에 안 된 어린 고종을 왕위에 앉힌 그는 아들 대신 자신이 직접 정치를 도맡아 했어.

홍선 대원군은 곪을 대로 곪아서 무너져 가고 있던 조선을 되살리기 위해 안으로는 왕권을 강화하기 위한 개혁 정책을, 밖으로는 나라의 문을 걸어 잠그고 서양과 전혀 소통하지 않는 쇄국 정책을 썼단다. 흥선 대원군이 처음부터 쇄국 정책을 쓴 건 아니야. 흥선 대원군은 처음엔 외국과 적당히 사귀는 것은 나쁘지 않다고 생각했어. 그러나 흥선 대원군이 쇄국 정책을 펴게 만드는 사건들이 잇달아 일어났어.

흥선 대원군이 정치를 맡은 지 3년 뒤인 1866년 7월, 미국 상선 제너럴 셔먼호가 대동강을 거슬러 올라와 평양 근처까지 와서는 통상을 하자고 요구했어. 겉으로는 통상을 내세웠지만, 평양에 있는 왕릉을 도굴할 것이라는 소문이 쫙 퍼졌단다.

평안도 관찰사 박규수는 부하 이현익을 보내 사정을 알아본 뒤 돌아가라고 요구했지만, 셔먼호는 돌아가기는커녕 강물의 깊이를 잰다면서 시간을 끌다가 이에 항의하는 이현익을 배에 감금하고, 총까지 쏘았어. 분노한 평양 사람들은 화약을 가득 실은 배들을 연결한 다음, 불을 붙여 제너럴 셔먼호를 향해 떠내려 보냈어. 제너럴 셔먼호는 이내 불길에 휩싸이고, 선원들은 강가로 끌려 나와 모두 죽음을 당했단다. 이 사건을 '제너럴 셔먼호 사건'이라고 해.

그로부터 두 달 뒤, 이번엔 프랑스 함대가 강화도에 쳐들어왔어. 군함 일곱 척에 2천여 명의 군사를 싣고 갑곶진에 상륙한 프랑스군은 강화읍을 점령하고서 진을 쳤단다. 이들은 얼

경고비

병인양요 이듬해, 흥선 대원군은 강화도 덕진진에 비석을 세우게 했어. 비석에는 "바다의 문을 막아서 지키니 다른 나라 배들은 삼가하여 지나가지 마라"고 쓰여 있어. 어떤 외국 배도 강화도를 통과할 수 없다고 경고하는 비석이야. 척화비보다 4년 먼저 세워진 것이란다.

박규수

박규수는 흥선 대원군의 신임을 받은 관리였는데, 나중에는 생각을 바꿔 쇄국을 비판하고 개화를 지지했어. 그는 진주에서 농민 봉기가 일어났을 때, 봉기 현장을 직접 살펴본 뒤 삼정의 문제점을 고쳐야 한다고 왕에게 보고했던 장본인이란다. 실학자 박지원의 손자이기도 해.

강화도의 프랑스 군인들
병인양요 때 강화도를 점령한 프랑스군이 외규장각 주변을 행진하는 그림이야. 1866년 프랑스 해군 장교 앙리 쥐베르가 그렸어.

마 전에 프랑스 신부 아홉 명을 비롯해 조선인 천주교도들이 처형된 데 대한 책임을 지라면서 배상금을 지불하고 책임자를 처벌할 것, 통상 조약을 맺을 것 등을 요구했어.

선교사가 죽었다든지 하는 일이 생겼을 때 그것을 꼬투리 삼아 군함을 끌고 와서 통상을 요구하는 건 서양 제국주의 국가들이 흔히 쓰는 수법이었어.

하지만 조선은 호락호락하지 않았어. 한성근과 양헌수가 이끄는 조선군은 강화도의 문수 산성과 정족 산성에서 프랑스군과 치열한 전투를 벌였어. 그러자 상황이 불리해졌다고 판단한 프랑스군의 지휘자 로즈 제독은 철수하기로 결정했단다. 강화를 점령한 지 한 달 만이었어.

프랑스군은 철수하면서 많은 귀중품들을 약탈해 갔어. 대포와 화승총 같은 무기들, 금과 은, 곡식, 그리고 강화도의 외규장각에 보관해 두었던 귀중한 책들까지 모조리 가져갔어. 이 사건을 '병인양요'라고 해. 병인년에 서양이 일으킨 난리라는 뜻이야.

프랑스군을 물리친 흥선 대원군은 자신감을 얻었어. 나라의 문을 열고 서양 오랑캐들과 통상 조약을 맺는 것보다는 나라의 문을 굳게 닫고서 상대하지 않는 쇄국 정책이 옳다고 확신하게 된 거야.

신미양요와 척화비

병인양요가 일어난 지 5년 뒤, 이번엔 미국이 쳐들어왔어. 미국은 5년 전에 있었던 제너럴 셔먼호 사건을 트집 잡으면서 군함 다섯 척에 1천 2백여 명의 군대로 강화도 앞바다에 나타났어.

제너럴 셔먼호 사건이 일어난 뒤로 미국은 어떻게 해서든 조선과 통상을 맺으려고 여러 가지 수단을 썼단다. 심지어는 청나라에서 활동하는 독일 상인 오페르트를 앞세워 흥선 대원군의 아버지인 남연군의 무덤을 파헤치기까지 했어. 남연군의 시체를 훔쳐다가 그것을 볼모 삼아 흥선 대원군에게 통상 조약을 맺게끔 하려고 했던 거야.

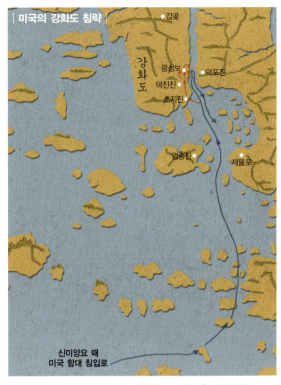

신미양요 때 미군은 영종도를 지나 강화도의 초지진과 덕진진을 거쳐 광성보까지 진출하였단다.

콜로라도호
미국 군함 콜로라도호란다.
신미양요 때 미군이 타고 온 배야.

광성보 포대
광성보의 용두돈대야. 신미양요 때 미군과 조선군이 결전을 벌였던 곳이야. 전투는 꼬박 이틀 동안 계속되었는데, 미군의 우수한 무기에 밀렸어. 조선 군사들은 탄환과 화살이 다 떨어졌는데도 맨손으로 끝까지 싸웠단다.

면 갑옷
서른 겹의 면으로 만든 갑옷이야. 흥선 대원군의 명으로 특별히 만든 갑옷이란다. 신미양요 때 조선군은 이 갑옷을 입고 미군과 싸웠어.
―국립고궁박물관

그러나 무덤을 파헤치던 오페르트가 사람들에게 발각되어 서둘러 도망치는 바람에 계획은 실패하고 말았어. 하지만, 이 일로 흥선 대원군은 매우 화가 나서 쇄국 정책을 더욱더 강하게 밀어붙였단다.

미국의 공격을 받자 흥선 대원군은 이번에도 맞서 싸우게 했어. 강화도의 광성보에서 미군과 치열한 전투가 벌어졌어. 조선군은 어재연, 어재순 형제의 지휘 아래 용감히 싸웠단다. 그러나 미군의 무기가 훨씬 우수했기 때문에 조선군은 밀릴 수

신미순의총
신미양요 때 전사한 무명용사들을 일곱 개의 무덤에 나눠 묻었단다. 강화도 광성보에 있어.

밖에 없었어. 조선군은 탄환과 화살이 다 떨어지자 맨손으로 미군에 맞서다가 끝내 전멸하다시피 했단다. 지금 강화도 광성보에는 이들의 용감한 죽음을 기리는 비석과 무덤이 남아 있어. 광성보를 함락시킨 미군은 더 이상 공격을 하지 않고, 약 한 달 만에 철수했어. 이 사건을 1871년 신미년에 서양이 일으킨 난리라는 뜻으로, '신미양요'라고 해.

프랑스와 미국, 두 강대국의 침입을 막아 낸 흥선 대원군은 쇄국 정책을 한층 더 굳혔단다. 그는 한양의 운종가 네거리와 전국의 주요 지점에 서양 오랑캐들과 화해하지 말라고 경고하는 비석을 세웠어. 이 비석을 '척화비'라고 해. 척화비에는 이렇게 쓰여 있었지.

"서양 오랑캐가 침범하는데 싸우지 않으면 화해하는 것이요, 화

*斥 물리칠 척
和 화할 화
碑 비석 비

척화비
서양 세력의 침입에 맞서 싸울 것을 백성들에게 알리는 비석이야. 전국의 주요 지점에 세웠단다.

해를 주장하는 것은 곧 나라를 팔아먹는 짓이다. 자손들에게 경계하기 위해 병인년에 만들어 신미년에 세운다."

흥선 대원군은 서양 제국주의 국가들의 침입에 맞서 백성들의 마음과 힘을 한데 모으는 데 성공했어. 흥선 대원군이 서양의 강대국인 프랑스와 미국 군대에 맞설 수 있었던 건, 흥선 대원군의 단호한 태도도 있지만 뜨거운 충성심과 애국심으로 단결된 힘을 보여 준 백성들 덕분이었어.

❗ 선교사, 군함, 그리고 통상 조약

병인양요와 신미양요를 일으킨 서양 군함에는 천주교 선교사 리델 신부가 타고 있었어. 리델 신부는 프랑스 사람으로 1861년 조선에 들어와 천주교를 몰래 전파하다가 처형당할 뻔한 끝에 간신히 탈출한 사람이야. 조선식 이름은 이복명. 조선의 지리를 잘 모르는 프랑스군과 미군은 그를 길잡이로 삼아 조선을 침입했던 거지.

서양 강대국들은 자기네 선교사가 선교 활동을 하다가 죽거나 다치는 사건이 일어나면, 그것을 구실 삼아 대포를 실은 군함을 타고 나타나 위협을 하면서 통상을 요구하곤 했어. 그럴 때면 으레 선교사가 길잡이 노릇을 했지. 그런 선교사들을 가리켜 인도의 이름난 독립 운동가이자 정치가인 네루는 '제국주의의 앞잡이'라고 비난했단다.

흥선 대원군은 무엇을 했나?

흥선 대원군은 1863년부터 1873년까지 10년 동안 강력한 지도자로서 나라를 다스렸어. 흥선 대원군이 바란 것은 세도 정치 아래 기울어 가는 조선 왕조를 다시 일으켜 세우고 무너진 왕의 권위를 되찾는 것이었단다. 그래서 밖으로는 쇄국 정책을, 안으로는 나름의 개혁 정책을 폈어.

우선 세도 정치를 폈던 안동 김씨들을 쫓아내고 능력 있는 인재를 고루 등용했지. 당쟁의 근거지가 된 서원도 47개만 남겨 놓고 모조리 없애 버렸어. 또 여태껏 세금을 면제받았던 양반들에게도 세금을 내게 했단다. 백성들은 흥선 대원군의 이러한 개혁을 두 손 들어 환영했어.

흥선 대원군은 오랫동안 쓰지 않고 내버려 두었던 경복궁을 다시 짓기 시작했어. 경복궁은 태조 이성계가 조선을 건국하고서 맨 먼저 지은 궁궐로, 조선을 대표하는 정궁이었어. 하지만 임진왜란 때 불에 탄 뒤, 폐허로 내버려 둔 채 다른 궁궐을 사용해 왔지. 그

흥선 대원군
흥선 대원군은 60여 년 동안 계속된 세도 정치를 뿌리 뽑고 왕 중심의 강력한 정치를 하려 했던 사람이야. 그는 열두 살에 왕이 된 고종을 대신하여 10여 년 동안 정치를 도맡아 했단다.

상평통보(왼쪽)와 당백전(오른쪽)
흥선 대원군은 경복궁을 다시 지으면서 공사에 필요한 막대한 비용을 마련하기 위해 '당백전'이라는 새 돈을 찍어 냈어. 당백전은 당시 널리 쓰이던 상평통보보다 백 배의 가치를 지닌 돈이었지. 그러나 당백전은 당시 현실과는 맞지 않는 돈이었기 때문에 물가가 치솟고, 사람들은 혼란스러워했단다. 결국 6개월 만에 당백전은 찍기를 중단했어. -화폐금융박물관

런데 흥선 대원군은 왜 경복궁을 다시 지었을까? 그것은 조선이 처음 건국되었을 때처럼 왕과 왕실의 위엄이 빛나기를 바라는 뜻에서였단다.

흥선 대원군이 다스린 10년은 우리 역사상 매우 중요한 시기였어. 당시 세계는 크게 변하고 있었어. 그런데 조선 왕조는 더 이상 그 변화를 담아낼 그릇이 못 되었단다. 새 그릇이 필요했던 거야. 그건 근대 사회라는 이름의 새 그릇이었어.

조선은 갈림길에 서 있었어. 스스로의 힘으로 자주적인 근대화를 이루느냐, 아니면 아무 준비 없이 외세에 의해 강제로 근대화를 당하느냐 하는 갈림길이었지. 흥선 대원군은 백성들의 힘을 모아

덕진진 포대
조선 해안에 서양 배들이 자주 나타나자 흥선 대원군은 이에 대비해 강화도 일대의 군비를 강화했어. 덕진진도 바로 그런 곳이야.

외세의 침입을 막는 데는 성공했지만, 그 힘을 자주적인 근대화로까지 이끌어 가지는 못했어. 흥선 대원군의 목표는 조선 왕조와 왕실의 부흥이었지, 새로운 사회의 건설은 아니었기 때문이야.

흥선 대원군이 물러난 뒤, 고종이 직접 나라를 다스리기 시작했어. 고종은 아버지 흥선 대원군과는 다르게 쇄국 정책을 그만두고 나라의 문을 열었단다. 그러나 자주적 근대화의 과제는 여전히 남아 있었어.

프랑스로 실려 간 조선의 '의궤'

베르사유 궁전으로 유명한 프랑스 베르사유에는 프랑스 국립도서관 별관이 있어. 1979년, 이 도서관 사서로 근무하던 한국 여성 박병선은 지하 창고에 쌓여 있는 책더미 속에서 놀라운 책을 발견했어. '의궤'였어. '의궤'란 조선 왕실의 주요 행사가 어떻게 이루어졌는지 기록해 놓은 책으로, 그 가치는 국보급이야.

그런데 도대체 어떻게 해서 조선 시대의 의궤가 프랑스 국립도서관 지하 창고에 있게 된 걸까? 그건 병인양요 때 강화도에 침입한 프랑스군이 가져간 것이었어. 당시 프랑스군의 지휘자였던 로즈 제독이 상관에게 보낸 편지에 이런 대목이 있어.

외규장각
창덕궁에 있는 규장각의 별관에 해당하는 건물로, 강화 행궁 안에 세우고 귀중한 책들을 보관했어. 병인양요 때 프랑스군이 불태웠는데, 최근에 다시 복원되었단다. 1990년대 초부터 우리나라는 프랑스군이 가져간 외규장각 도서들을 반환하라고 요청하였지만 아직까지 해결되지 않고 있어. 사진은 19세기의 지도 〈강화부궁전도〉란다.

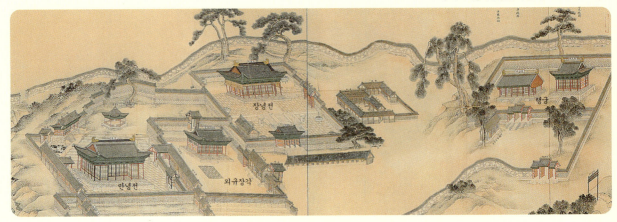

"조선 왕이 이따금 와서 머무는 집에는 아주 귀중하게 보이는 책들로 가득 찬 도서실이 있습니다. 우리는 공들여 포장한 340권을 수집했는데, 기회가 닿는 대로 프랑스로 보내겠습니다."

로즈 제독이 말한 '왕이 이따금 머무는 집'은 '강화 행궁'을 말하고, 도서실은 '외규장각'을 말해. 그때 외규장각에는 약 6천 권의 책이 있었는데, 프랑스군은 그중 340권을 가져가고 나머지는 모조리 불태워 버렸어. 외규장각 건물도 함께 불타 잿더미로 변하고 말았지.

《왕오천축국전》(복제) -독립기념관

현재 프랑스 국립도서관에는 '의궤' 말고도 태조 때 만든 《천상열차분야지도》라는 별자리 지도, 세계에서 가장 오래된 금속 활자본 《직지심경》, 신라 승려 혜초의 인도 여행기 《왕오천축국전》의 필사본 등이 보관되어 있어. 프랑스뿐 아니라 일본, 미국, 러시아, 독일 등에도 우리 문화재들이 많이 흩어져 있어. 왜 이런 일이 일어났을까? 서양 강대국들은 다른 나라를 침략한 다음에 어김없이 그 나라의 문화재와 보물들을 자기 나라로 실어 가곤 했어. 오늘날 프랑스의 루브르 박물관, 영국의 대영박물관, 바티칸 박물관 등 유명한 박물관에 전시되어 있는 문화재와 예술품 중에는 제국주의 시대에 실려 간 세계 각국의 진귀한 문화재들이 상당히 많단다.

나라의 문을 열다 1876년

'쇄국'과 '개화', 둘 중 어느 것이 진실로 조선을 위한 길이었을까? 세운이라면 어느 길을 선택했겠니?
나라와 나라 간에 조약을 맺을 때는 치밀한 준비가 필요하단다.
그 조약이 자기 나라에 어떤 영향을 미칠지 분석하고, 자기 나라에 유리한 쪽으로
조약 내용을 정하기 위해서 상대방 나라와 밀고 당기기를 할 줄도 알아야 해.
그런데 강화도 조약 때 조선 조정은 너무나 준비가 부족했어.

1864년
조선 시대
동학 교주 최제우 처형됨

1871년
신미양요 일어남
(미군이 강화도 침략)

1876년
일본과 강화도 조약 맺음

"세운아, 강화도 조약이 무엇인지 알고 있니?"

"으음……, 일본하고 맺은 조약 아닌가?"

- 맞아. 강화도 조약은 일본과 최초로 맺은 조약이야.
- 그리고 외국과 맺은 최초의 조약이기도 해. 조약의 정식 이름은 '병자수호조규'.
- 그러나 조약이 맺어진 장소인 강화도의 이름을 따서 보통 '강화도 조약'이라고 한단다.
- 조선은 강화도 조약으로 쇄국 정책을 그만두고 나라의 문을 열게 되었어.
- 일본뿐 아니라 미국, 영국, 러시아, 프랑스 등 서양의 강대국과도 얼굴을 맞대게 되었지.
- 외국하면 으레 청나라만 떠올리고, 청나라와의 관계만 신경 써 오던 조선에게
- 강화도 조약은 세계 속의 조선이 되는 첫걸음이었어.
- 그러나 그건 희망찬 첫걸음은 아니었어.
- 당시는 강대국들이 약한 나라를 침략해서 식민지로 만드는 제국주의 시대였기 때문이야.
- 강대국의 희생양이 되지 않기 위해서는 나라가 든든하고,
- 또 강대국에게 마구 휘둘리거나 속아 넘어가지 않을 만큼 깨어 있어야 했어.
- 그런데 안타깝게도 조선은 그렇지 못했단다.
- 자, 오늘은 조선의 문을 연 강화도 조약에 대해 알아보자.

1884년
개화파, 갑신정변 일으킴
(3일 천하)

1894년
동학 농민 운동 일어남

1895년
을미사변 일어남
(일본 자객이 명성황후 시해)

1898년
대한제국
최초로 전차 개통(서대문−종로−홍릉)

● 병인양요와 신미양요의 충격이 완전히 가시지 않은 1875년의 일이야. 강화도의 초지진 앞바다에 웬 낯선 배가 나타났어. 그리고 낯선 배에서 작은 보트가 내려졌단다. 보트는 초지진으로 다가왔어. 초지진을 지키고 있던 조선군은 정체를 알 수 없는 보트가 아무런 예고도 없이 다가오자 대포를 쏘았어. 보트에 탄 사람들도 총을 쏘았단다. 보트는 곧 되돌아갔어.

그런데 이번엔 멀찌감치서 지켜보던 낯선 배가 초지진을 향해 대포를 쏘아 댔어. 조선의 구식 대포와는 비교도 안 될 만큼 성능이 좋은 대포였어. 그러고는 한참 뒤 낯선 배가 슬그머니 사라졌단다. 이 배는 어느 나라 배였을까? 왜 강화도에 나타난 걸까?

강화도의 군사 기지
강화도의 진, 보, 돈대를 표시한 지도야. 진, 보, 돈대는 군사 기지란다. 바닷가를 따라 강화도를 빙 둘러가며 설치했어.
−국립고궁박물관

나라의 문을 열다

일본의 강화도 침략, 운요호 사건

운요호
일본 군함 운요호는 1875년 9월 20일 강화도 초지진에 나타나 대포를 쏘아 댔어. 이것은 일본이 조선과 통상 조약을 맺기 위해 계획적으로 벌인 사건이었단다.

초지진
성벽 너머로 바다가 보이지? 초지진은 서해에서 배를 타고 강화도로 들어올 때 제일 먼저 만나게 되는 군사 기지야. 초지진은 운요호 사건의 현장이고, 신미양요 때 미군이 최초로 상륙한 곳이기도 해. 초지진의 성벽에는 운요호 사건 때 일본군이 쏜 포탄 자국이 아직도 남아 있단다.

강화도 앞바다에 나타난 낯선 배는 일본의 군함 운요호였어. 보트에 탄 사람들은 일본 군인들이었고. 그런데 초지진에서 물러난 운요호는 그냥 돌아가지 않고 오늘날 국제 공항이 들어서 있는 인천 영종도에 상륙하여 죄 없는 조선 사람들을 죽이고 집들을 불태운 다음에야 일본으로 돌아갔단다.

아무 이유 없이 일본 군함의 공격을 받은 조선은 매우 분노하고 당황했어. 당연히 일본에게 그 책임을 물어야 마땅했지. 그런데 서슬 퍼렇게 따지고 든 건 도리어 일본이었어. 사실 이 사건은 일본이 일부러 일으킨 것이었단다. 어떻게 해서든 꼬투리를 잡아 조선과 통상을 맺으려고 계획적으로 벌인 사건이었어.

일본은 기다렸다는 듯이 따지고

들었어. 운요호는 단지 물을 얻으려고 초지진에 다가간 것뿐인데, 조선군이 느닷없이 공격을 해 오는 바람에 할 수 없이 싸웠다면서 말야. 그러고는 조선에 있는 일본인들이 위험할지 모르니 그들을 보호해야 한다는 이유로 군함 세 척을 부산에 보냈어. 세 척의 군함은 부산 앞바다에 늘어서서 대포를 마구 쏘아 댔단다. 그러자 조선 사람들은 영문도 모른 채 불안에 떨며 두려워했지.

일본은 운요호 사건의 책임을 묻는다면서 구로다 기요타카, 이노우에 가오루를 대표로 뽑아 부산으로 보냈어. 일본 대표들은 말했어.

"일본국 대신이 강화도에 가서 귀국 대신과 회담을 할 것이니, 만약 조선국 대신이 나와 맞이하지 않으면 곧장 한양으로 쳐들어갈 것이다."

조선 조정에서는 중추부 판사 신헌을 강화도로 급히 보내 놓고 대책 회의를 열었어. 무슨 일이 있어도 일본군을 강화도에 상륙시켜선 안 된다는 것이 조선 조정의 입장이었지. 그러나 신헌이 강화도에 도착했을 때, 일본군은 이미 강화도 앞바다까지 들어와 있었어. 신헌은 결국 일본 대표와 군사들이 강화도에 상륙하는 것을 막을 수 없었단다.

다음 날 회담이 시작되었어. 일본 대표로 구로다 기요타카, 이노우에 가오루, 미야모토, 모리야마가 참석하고 조선 대표로 신헌, 유자승, 홍대중, 강위가 참석했어. 회담은 세 차례에 걸쳐 진행되

신헌
강화도 조약을 맺을 때 조선 대표로 나갔던 사람이야. 그는 미국과 통상 조약을 맺을 때도 대표로 나갔어. 김정호가 《대동여지도》를 만들 때 도움을 주기도 했지.

강화도 연무당
강화도 조약을 맺은 곳이야. 사진은 1876년에 찍은 것이란다.

연무당 터 현재 모습
지금은 건물은 없어지고 터만 남아 있단다. 빈 터에 홀로 기념비가 서 있어.

었어. 일본은 미리 준비해 온 조약안을 내놓고 위협했지.

"10일이 지나도 답을 얻지 못하면 양국의 교제가 끊어질 것이오."

조선 조정은 고민에 빠졌단다. 교제가 끊어진다는 건 곧 전쟁이 일어날지 모른다는 뜻이기도 했기 때문이야. 조선 조정은 일본의 요구를 받아 들여 통상 조약을 맺을 것인가, 아니면 거절할 것인가를 두고 우왕좌왕했어. 그때 청나라에서 편지가 날아왔어.

"조선이 일본과 조약을 맺으면 전쟁을 피할 수 있을 것이오. 만

강화도 조약을 맺는 조선 대표와 일본 대표들
강화도 조약은 조선 입장에서 보면 준비 없이 맺은 조약이었어. 당시 조선의 관리들은 국제 사회에서 통하는 법이나 조약에 대해 충분히 알지 못하고 있었단다. 그래서 강화도 조약은 결국 조선에게 일방적으로 불리한 '불평등 조약'이 되고 말았어.

약 이 권고를 받아들이지 않을 경우 장차 어떤 일이 일어나도 우린 책임지지 않겠소."

청나라는 일본의 부탁을 받고서 그런 편지를 보낸 거야. 조선 조정은 할 수 없이 일본과 조약을 맺기로 결정했어. 그런데 당시 조선 조정은 국제법에 대한 정보나 지식이 거의 없었단다. 그래서 일본이 제시한 조약안을 글자 몇 자만 고치는 데 만족하고, 그대로 통과시키고 말았어.

마침내 1876년 2월 3일, 조선 대표와 일본 대표는 강화도에 있는 연무당에서 조약에 도장을 찍었어. 이것이 바로 '강화도 조약'이야.

일본의 야심

그런데 왜 일본은 조선과 통상 조약을 맺고 싶어 했을까? 사실 일본은 조선과 마찬가지로 쇄국 정책을 썼던 나라야. 아니, 조선보다 훨씬 오랫동안 쇄국 정책을 고집했던

일본 개국
일본은 우리나라와 강화도 조약을 맺기 20여 년 전에 미국에 의해 강제로 나라의 문을 열었어. 그렇지만 그 후 빠른 속도로 변화했단다. 사진은 1859년 개항한 요코하마의 풍경이야. 오른쪽 언덕 위에 외국인들의 집이 들어서 있어.

나라란다. 일본의 쇄국은 2백 년 동안이나 계속되었어.

 쇄국 정책을 고집하던 일본은 동양의 다른 나라들과 마찬가지로 밀려드는 서양 제국주의 앞에서 강제로 통상 조약을 맺고 나라의 문을 열게 되었어. 일본에게 통상 조약을 강요한 나라는 미국이었단다.

 1854년 미국의 페리 제독이 군함과 대포를 끌고 와서 조약을 맺었지. 운요호 사건을 일으키기 약 20년 전인 1854년의 일이었단다. 뒤이어 일본은 영국, 러시아, 네덜란드, 프랑스와도 통상 조약을 맺었어.

 그런데 일본은 나라의 문을 연 뒤, 빠른 속도로 변화하기 시작했어. 서양 여러 나라에 시찰단을 보내 법, 제도, 산업, 문화 등을 배워 와서는 그것을 일본에 적용하여 근대화에 박차를 가했어. 또, 유학생을 보내 서양의 학문을 배워 오게 했지.

 그뿐이 아냐. 일본은 서양 제국주의 국가들의 대열에 끼고 싶어 했어. 그래서 제국주의 국가들처럼 식민지를 가지려고 안간힘을 썼단다. 그 첫 번째 대상이 바로 조선이었어. 그리고 조선을 식민지로 만들기 위한 첫걸음이 바로 강화도 조약이었던 거야.

 일본은 20년 전 자기네가 미국에게 당했던 방법을 그대로 사용했어. 군함과 대포를 앞세워 조선을 위협하여 반강제로 조약을 맺

정한론을 논의하는 일본인들
정한론은 '조선을 정벌하자'는 주장이야. 당시 일본에서는 정한론이 매우 활발하게 논의되었어.

었지. 뿐만 아니라 강화도 조약의 내용은 일본이 영국과 맺은 '영·일 조약'을 본뜬 것이었단다. 그런데 조선은 일본의 이런 놀라운 변화에 대해서 전혀 모른 채 단지 일본을 왜놈이라고 깔보기만 했을 뿐이야.

조선이 일본과 통상 조약을 맺게 된 건 조선에서 커다란 정치 변화가 일어난 때문이기도 했어. 흥선 대원군이 물러나고, 고종이 직접 나라를 다스리게 된 거야. 고종은 이제 스물두 살의 어른이 되었기 때문에 아버지 흥선 대원군이 더는 정치를 좌우할 명분이 없었어. 게다가 왕비 민씨가 흥선 대원군을 정치에서 물러나게 해야 한다고 고종을 부추겼단다. 왕비 민씨는 세운이가 잘 알고 있는 명성 황후야.

흥선 대원군이 물러난 뒤, 고종의 충실한 지지자가 된 것은 왕비 민씨였어. 고종은 왕비의 친척들을 주요 직책에 앉혔단다. 고종과 왕비 민씨는 흥선 대원군이 택했던 '쇄국'을 버리고 '개화'를 택했어. 그러니까 조선이 일본과 통상 조약을 맺게 된 것은 개화를 선택한 고종과 왕비 민씨가 있었기 때문이기도 해. 만일 흥선 대원군이 계속 정권을 잡았다면 사정은 좀 달라졌을 거야.

강화도 조약

강화도 조약은 총 12개의 조항으로 이루어져 있어. 그중에서 가장 중요한 조항은 다음의 것들이야.

제1관 조선은 자주국이며 일본과 평등한 권리를 갖는다.
제4관, 5관 조선 정부는 부산과 다른 두 항구를 개방하고 일본인이 자유롭게 왕래하면서 통상할 수 있게 한다.
제7관 일본의 항해자가 자유롭게 조선의 해안을 측량하도록 허가한다.
제9관 양국 국민은 각자 자유롭게 무역을 하며 양국의 관리는 조금도 이에 관여하거나 금지 또는 제한하지 못한다.
제10관 일본 국민이 조선이 지정한 항구에 머무르는 동안 죄를 범한 것이 조선의 국민과 관계되는 사건일 때는 모두 일본 관리가 심판한다.

준비 없이 맺은 불평등 조약

19세기 말, 조선은 갈림길에 서 있었어. 쇄국이냐 개방이냐, 전통이냐 개화냐 하는 중대한 갈림길 말야. 이 시기에 흥선 대원군, 고종과 왕비 민씨는 서로 다른 선택을 했어. 흥선 대원군은 쇄국을, 고종과 왕비 민씨는 개화를 선택했지. '쇄국'과 '개화', 둘 중 어느 것이 진실로 조선을 위한 길이었을까? 세운이라면 어느 길을 선택했겠니?

나라와 나라 간에 조약을 맺을 때는 치밀한 준비가 필요하단다. 그 조약이 자기 나라에 어떤 영향을 미칠지 분석하고, 자기 나라에 유리한 쪽으로 조약 내용을 정하기 위해서 상대방 나라와 밀고 당기기를 할 줄도 알아야 해. 그런데 강화도 조약 때 조선 조정은 너무나 준비가 부족했어. 고종과 왕비 민씨는 쇄국 대신 개화를 외치기만 했을 뿐 실제적인 준비는 하지 않았던 거야.

더구나 당시 조선은 국제 사회에서 통하고 있는 법이나 조약

개항 무렵의 제물포
강화도 조약 체결 후 부산, 인천, 원산, 이렇게 세 항구가 문을 열었어. 사진은 개항 직후 인천 제물포의 풍경이야.

에 대해 잘 알지 못했어. 그래서 조약의 내용이 담고 있는 뜻과 그 영향을 미처 깨닫지 못한 채 조약안에 도장을 찍고 말았던 거지.

조선은 강화도 조약에 따라 부산, 원산, 인천의 세 항구를 개방하여 일본인이 자유롭게 드나들며 무역을 하게 되었어. 항구를 개방하여 외국인의 자유로운 통상을 허락하는 것을 '개항'이라고 해. 그런데 강화도 조약은 일방적으로 일본에게 유리하고, 조선에는 불리한 불평등 조약이었어. 왜 불평등 조약인지 살펴보자.

제1관 '조선은 자주국이며 일본과 평등한 권리를 갖는다.'는 것은 얼핏 보기엔 그럴듯한 얘기야. 하지만 여기에는 청나라와 조선을 떼어 놓으려는 일본의 속셈이 숨어 있어. '조선은 자주국'이라는 말은 조선이 청나라와 아무 상관없는 나라라는 뜻을 담고 있단

*改 열 개
港 항구 항

나라의 문을 열다
177

*治 다스릴 치
外 바깥 외
法 법 법
權 권세 권

다. 만약 조선이 청나라의 영향 아래 있다는 것을 인정하면 청나라의 간섭을 피할 수 없게 될 것이기 때문에 그걸 미리 막으려고 조선은 자주국이라고 표현한 거야.

또, 제10관은 조선에서 죄를 저지른 일본인을 조선의 관리는 심판할 수 없고 일본 관리만 심판하게 한 것으로, 전적으로 일본에게 유리한 내용이었어. 이를 '치외법권'이라고 한단다. 치외법권은 요즘도 우리나라에 와 있는 미군에게 인정해 주고 있어서 많은 논란이 되고 있어.

관세에 숨겨진 뜻

강화도 조약에서 가장 심각한 건 관세 문제였어. 관세란 수출 상품이나 수입 상품에 매기는 세금을 말해. 당시 일본은 관세에 대해 이렇게 제안했어.

"일본이 조선에 수출하는 각종 상품은 세금을 물리지 않기로 했다. 아울러 조선에서 일본으로 수입하는 상품에도 세금을 물리지 않기로 한다."

그러자 조선 조정은 양쪽이 똑같이 세금을 물지 않으면 손해 볼 일이 없다고 생각하고 일본의 제안을 승낙했어. 그 결과 조선과 일본을 드나드는 상품에는 관세가 한 푼도 붙지 않게 되었지.

두 나라가 똑같이 관세 없이 무역을 한다는 건 얼핏 보면 공평한 일이라고 생각될지 몰라. 하지만 여기엔 심각한 문제가 숨어 있어.

일본이 조선에 수출하는 상품은 대개 기계로 대량 찍어 내는 물건이었거든. 그러나 조선이 일본에 수출하는 상품은 농산물인 쌀이 대부분이었어. 《서유견문》이란 책을 쓴 유길준은 이에 대해 핵심을 찌르는 말을 했단다.

"일본이 조선에 수출하는 상품은 기계로 만든 것이어서 무제한 만들 수 있다. 그러나 조선이 일본에 수출하는 농산물은 땅에서 나오는 것이라 그 끝이 있다. 두 나라의 무역이 늘어나면 늘어날수록 조선에는 남아나는 물건이 하나도 없게 될 것이다."

유길준의 지적은 얼마 안 가서 현실이 되었어.

그럼, 관세에 대해 좀 더 자세히 알아보자. 관세는 나라의 수입을 늘리고, 또 경제를 보호하는 두 가지 기능을 한단다.

자동차의 예를 들어보자. 우리나라보다 기술이 훨씬 우수한 나라의 자동차가 국내에 들어와 우리 자동차와 비슷하거나 혹은 더 싼 값으로 팔리면 어떻게 될까? 우리 자동차는 팔리지 않을 것이고, 국내 자동차 공장들은 문을 닫을 것이며, 결국 우리나라 자동차 산업은 미처 싹이 나기도 전에 뽑혀 버린 꽃처럼 영영 죽고 말

고려대학교박물관

유길준과 《서유견문》
유길준은 미국 유학을 갔다가 귀국길에 세계 여행을 했어. 유럽 여러 나라의 주요 도시를 돌아보았지. 《서유견문》은 유길준의 여행기인데, 한문과 한글을 섞어서 쓴 것이 특징이야. 1895년 일본에서 간행되었어. 유럽의 법과 제도, 문화, 교육 등 풍부한 내용이 담겨 있단다. 위쪽 사진은 유길준이 《서유견문》을 쓴 뒤 일본에 있을 때 찍은 거야. 앞줄 왼쪽에서 두 번째가 유길준이란다.

거야.

그래서 자기 나라의 산업과 기술이 다른 나라와 경쟁할 수준이 되기 전까지는 수입 상품에 높은 세금을 매겨 자기 나라의 산업과 경제를 보호하는 것이 바로 관세란다. 그런데 강화도 조약 때 조선

❗ 수신사 김기수의 일본 시찰

강화도 조약 직후, 조선은 일본의 실정을 시찰하기 위해 사절단을 파견했어. 사절단의 이름은 '수신사'. 사절단 대표로 일본에 도착한 김기수는 감탄을 연발했어.

"이럴 수가 있는가!"

오로지 청나라와 조선만 알았던 김기수에게 일본의 발달된 산업과 문명은 눈이 부실 정도였단다. 그는 일본을 돌아본 소감을 이렇게 말했어.

"전국에 도시가 한둘이 아니나 내가 직접 본 도쿄, 요코하마, 고베 등은 민가와 점포들이 매우 번성하고 있었다. 이러한 장관을 처음 본 내가 감탄하는 것은 조금도 이상할 게 없다. 청나라를 여러 번 보고 온 이용숙 같은 사람도 풍성하고 넉넉함이 청나라보다 훨씬 낫다고 칭송하니 말이다."

수신사 행렬 김기수는 1876년 단원들과 함께 일본에 파견되어 20일간 그곳에 머물면서 일본 문물을 관람하고 귀국했어.

조정은 관세의 이런 중요한 역할을 전혀 깨닫지 못했어. 참 안타까운 일이야.

 자, 강화도 조약이 왜 일본에게만 일방적으로 유리하고 우리에게는 불리한 불평등 조약이었는지 이제 알았지? 강화도 조약 후 조선은 전처럼 청나라만 신경 쓰면서 지낼 수 없게 되었어. 서양 강대국들이 잇달아 통상 조약을 맺자고 요구해 왔거든. 조선은 미국, 영국, 러시아, 이탈리아, 프랑스, 오스트리아와 잇달아 통상 조약을 맺었어. 이제 조선을 둘러싼 국제 정세는 매우 복잡해졌단다.

미국과 맺은 '조·미 수호 통상 조약'

조선과 두 번째로 조약을 맺은 나라는 미국이었어. 강화도 조약을 맺은 지 6년 뒤인 1882년이었지. 미국은 신미양요가 끝난 뒤에도 계속 조선과 통상을 하고 싶어 했어. 그래서 조선이 일본과 조약을 맺었다는 소식을 듣자마자, 슈펠트 제독을 파견했단다.

그때 조선에서는 《조선책략》이란 책이 파문을 일으키고 있었어. 《조선책략》은 일본에서 근무하고 있던 청나라 외교관 황준헌이 쓴 것인데, 내용은 '조선이 살아남으려면 러시아를 조심해야 하며 중국, 일본, 미국과 손잡아야 한다' 는 내용이었어.

고종은 이 책에 관심을 갖고 조정 대신들과 전국의 유생들에게 읽어 보라고 권했어. 개화를 주장하던 사람들은 이 책을 환영했지만, 유생들은 격렬히 반대했어. 퇴계 이황의 후손인 이만손은 영남 지방에 사는 유생들 1만 1천 명의 서명을 받아 반대 상소를 올렸어. 이 상소를 영남 유생 1만여 명의 상소라는 뜻으로 '영남 만인소' 라고 해.

그러나 고종은 이만손을 멀리 섬으로 귀양 보내고, 김윤식을 청나라에 보내 미국과 조약 맺는 일을 상의하게 했어. 그런데 정작 김윤식은 미국 대표인 슈펠트를 한 번도 만난 적이 없어. 슈펠트와 의논하는 일은 모두 청나라 대표 이홍장이 도맡아 했단다. 청나라는 조선에 대한 영향력을 잃어버리지 않기 위해 일부러 그렇게 한 거야.

1882년, 인천 제물포에 차려진 장막 안에서 조약이 맺어졌어. 조약의 이름은 '조·미 수호 통상 조약'. 조·미 수호 통상 조약의 가장 큰 특징은 미국에게 '최혜국 대우'의 권리를 준 점이야. '최혜국 대우'란 앞으로 조선이 다른 나라에게 허용하는 특권들을 자동으로 미국이 갖는 것이란다.

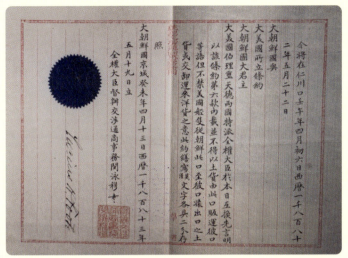

조·미 수호 통상 조약 미국과 맺은 이 조약은 퍽 부드럽고 점잖은 표현을 사용하고 있어. 그렇지만 부드러운 표현 뒤에 최혜국 대우의 권리를 최초로 인정받은 미국은 많은 이익을 차지했단다. -국사편찬위원회

만약 프랑스나 영국에게 어떤 특권을 허용하면 미국도 똑같은 특권을 자동으로 갖게 되는 거야. 미국은 가만히 앉아서 특권이란 특권은 모조리 갖게 된 거지. 최혜국 대우 권리로 미국은 조선에서 그 어느 나라보다도 많은 이익을 차지할 수 있었어.

'3일 천하'로 끝난 갑신정변 1884년

밤 10시, 파티가 한창 무르익었을 때, 갑자기 "불이야!" 하는 소리가 들렸어.
왕비 민씨의 조카로 당시 첫손 꼽히는 세력가였던 민영익이 밖으로 뛰어나갔어.
그런데 잠시 후, 민영익이 피를 흘리며 들어와 바닥에 쓰러졌어.
밖에서 기다리고 있던 개화파들의 칼에 맞은 거야.
파티는 비명과 함께 아수라장이 되고, 사람들은 도망치기 바빴어.
개화파의 갑신정변은 이렇게 시작되었단다.

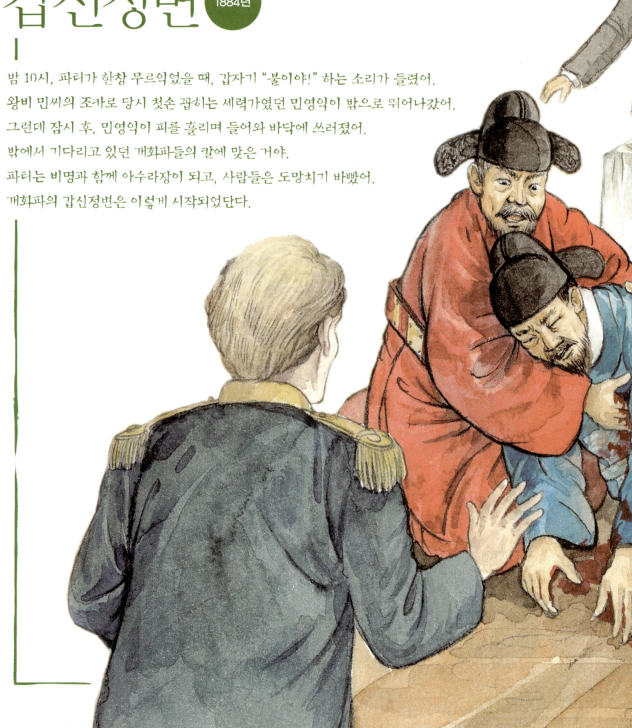

1864년
조선 시대
동학 교주 최제우 처형됨

1871년
신미양요 일어남
(미군이 강화도 침략)

1871년
일본과 강화도 조약 맺음

1884년
개화파, 갑신정변 일으킴
(3일 천하)

오늘 엄마가 얘기하려는 갑신정변은 개화를 꿈꾸던 젊고 패기 넘치는 청년 관리들이 일으킨 운동이야. 갑신정변을 일으킨 사람들을 '개화파'라고 부른단다. 그런데 세운아, '개화'가 도대체 뭘까?

"개화란 서양 문물을 받아들인다는 거 아냐?"

맞아. 개화란 서양의 앞선 문물을 받아들여 문명 개화를 이룬다는 뜻이야. 좀 더 어렵게 말하면, 사회와 국가의 근대화를 이룬다는 뜻이지.

그럼 개화파는 무엇을 하려고 갑신정변을 일으켰을까?

당시 조선은 몹시 복잡한 상황에 빠져 있었어. 강화도 조약으로 나라의 문을 연 뒤, 밀어닥치는 외국 세력 앞에서 조선은 정신을 바짝 차려야 했단다.

조선이 해결해야 할 과제는 두 가지였어. 하나는 밀어닥치는 외국 세력으로부터 나라를 지키는 것이었고, 다른 하나는 사회를 개혁하여 근대화를 이루는 것이었지. 이 두 가지 과제를 해결해야만 나라와 백성이 잘 살 수 있었단다.

이 두 가지 과제를 해결해 보려는 운동이 꼬리를 물고 일어났어. 개화파가 일으킨 갑신정변도 그중 하나야.

자, 그럼 개화파가 일으킨 갑신정변에 대해 자세히 알아보자꾸나.

1894년
동학 농민 운동 일어남

1895년
을미사변 일어남
(일본 자객이 명성황후 시해)

1898년
대한제국
최초로 전차 개통(서대문-종로-홍릉)

● 개화파는 급속한 개화만이 나라를 발전시키는 길이라고 믿은 사람들을 말해. 김옥균, 박영효, 서광범, 홍영식, 서재필들이 대표적인 인물이야. 이들은 일본을 모델로 삼아 급속한 개화를 이루어야 하며, 청나라에 의지하는 왕비 민씨를 비롯한 민씨 세

한때 동지였던 개화파와 수구파

갑신정변 1년 전인 1883년, 조선 최초로 미국으로 파견되는 사절단인 보빙사 일행이 기념사진을 찍었어. 앞줄 오른쪽 두 번째부터 서광범, 민영익, 홍영식, 뒷줄 왼쪽에서 세 번째가 유길준이야. 갑신정변 전에는 개화파와 수구파는 동지였어. 개화파 서광범, 홍영식, 유길준과 수구파 민영익이 한자리에 있구나.

력들을 제거해야 한다고 주장했어. 그러면서 이들은 왕비 민씨를 비롯한 민씨 세력들을 '수구파'라고 불렀단다. 수구파는 개화파와 달리, 청나라야말로 조선을 지켜 줄 유일한 보호막이라면서 청나라를 모델로 한 개화를 주장했단다.

개화파와 수구파는 한때 뜻을 같이했던 동지였어. 이들 모두 양반 집안의 똑똑한 청년들로, 박규수, 오경석, 유홍기의 가르침을 받은 친구들이었단다.

갈라선 개화파와 수구파

박규수는 원래 흥선 대원군의 신임을 받는 높은 관리였다가 개화파로 변신한 인물이야. 그는 청나라에 다녀온 뒤부터 생각이 바뀌었어. 흥선 대원군처럼 쇄국을 고집할 게 아니라 서양의 앞선 문물을 받아들여 개화를 해야 한다고 믿게 된 거지. 박규수는 양반 집안의 유능한 청년들을 자기 사랑방에 모이게 하여 서양 문물을 소개하고, 나라를 구하려면 일대 혁신을 일으켜야 한다고 힘주어 강조했어. 박규수의 사랑방은 개화 사상이 자라는 온상이 되었단다.

박규수 못지않게 개화 사상을 퍼뜨린 인물로 오경석과 유홍기가 있어. 두 사람은 나이가 같고 신분도 중인으로 같았단다. 오경석은 역관이고, 유홍기는 의원이었어. 집도 가까워서 청계천을 사이에 두고 유홍기는 동쪽에 있는 관철동에, 오경석은 서쪽에 있는 삼각

동에 살았단다.

역관 오경석은 청나라를 자주 오가면서 새로운 변화를 민감하게 받아들였어. 그는 청나라에서 서양의 역사와 지리, 과학 기술 등을 다룬 《영환지략》, 《이언》, 《해국도지》 같은 책들을 가져와 친구 유홍기와 함께 읽고 연구했단다. 이들은 비록 중인이었지만, 신분의 벽을 넘어 양반 집안의 아들들인 김옥균, 박영효, 김윤식 들에게 개화의 꿈을 심어 주는 데 성공했어.

그런데 함께 개화를 꿈꾸었던 청년들이 얼마 안 가서 두 파로 갈리고 말았어. 일본을 모델로 하여 급속한 개화를 하자는 개화파와, 청나라를 모델로 차근차근 개화를 하자는 수구파로 갈라진 거야. 개화에는 동의하되 그 실천 방법과 속도가 달랐다고나 할까? 한때 동지였던 개화파와 수구파는 이제 적으로 변했어.

1884년 봄부터 개화파는 김옥균을 중심으로 거사를 준비했어. 또, 일본이 이를 알고 도와주겠다고 약속했단다. 일본은 이 기회에 청나라를 몰아내고 조선을 손안에 넣으려고 도와주겠다고 한 거야. 김옥균은 그런 줄도 모르고 일본을 믿고서 준비에 박차를 가했어.

《영환지략》
1848년에 청나라의 서계여가 쓴 책이야. 세계 여러 나라의 역사와 지리, 과학 기술, 문화 등을 총정리해 놓은 책으로 세계에 대한 지식을 넓히는 데 큰 도움을 주었지. 오경석, 유홍기 등 개화파들의 애독서였어.
-국립제주박물관

서울시립대학교박물관

독립기념관

김옥균과 그의 글씨 김옥균은 명문 집안인 안동 김씨로 과거 시험에서 장원급제를 한 촉망 받는 청년 관리였어. 그는 사람을 잘 사귀고 글을 잘 썼으며 말도 매우 잘했다고 해. 오른쪽은 김옥균의 초상이고, 왼쪽은 김옥균의 글씨야. '믿음은 도의 근원'이란 뜻이란다.

마침내 우정국 개국 축하 파티 날, 개화파는 거사를 일으켰지. 이 사건을 1884년 갑신년에 일어난 정변이라 하여 '갑신정변'이라고 부른단다.

피로 물든 우정국 개국 파티

우리나라 최초의 우체국인 우정국은 1884년 12월 4일(음력 10월 17일)에 처음 문을 열었어. 우정국이 처음 문을 연 날, 축하 파티가 열렸단다. 내로라하는 높은 관리들과 조선에 와 있던 각국 외교관들이 줄 이어 파티에 참석했어.

피로 물든 우정국 개국 파티
피를 흘리며 쓰러진 민영익을 보고 파티에 참석했던 외국인들과 관리들은 매우 놀랐어. 이것이 바로 갑신정변의 시작임을 그들은 미처 몰랐단다.

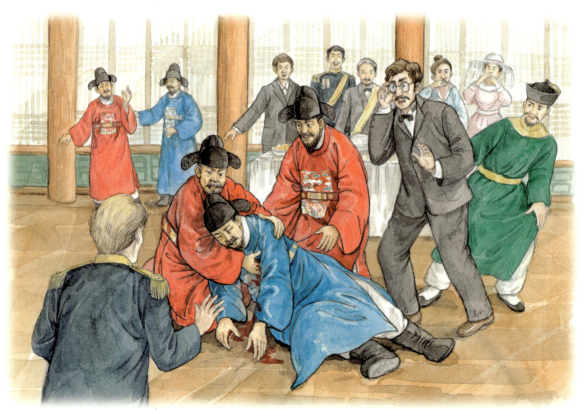

밤 10시, 파티가 한창 무르익었을 때, 갑자기 "불이야!" 하는 소리가 들렸어. 왕비 민씨의 조카로 당시 첫손 꼽히는 세력가였던 민영익이 밖으로 뛰어나갔어. 그런데 잠시 후, 민영익이 피를 흘리며 들어와 바닥에 쓰러졌어. 밖에서 기다리고 있던 개화파들의 칼에 맞은 거야. 파티는 비명과 함께 아수라장이 되고, 사람들은 도망치기 바빴어. 개화파의 갑신정변은 이렇게 시작되었단다.

우정국에서 민영익과 수구파들을 처단한 김옥균은 고종이 있는 창덕궁으로 달려갔어. 김옥균은 미리 준비해 둔 대로 거짓말을 꾸며 댔단다.

"청나라 군사가 난을 일으켜 불빛이 성안에 가득하고 대신들을 마구 죽이고 있으니 급히 자리를 옮겨 피신하소서."

바로 그때, 폭탄 터지는 소리가 천지를 진동했어. 깜짝 놀란 고종에게 김옥균은 거듭 재촉했어. 어서 몸을 피해 경우궁으로 가야 한다고 말야. 그리고 사태가 매우 위급하니 일본 공사에게 군대를 끌고 와 호위해 달라는 요청을 해야 한다고 말했어. 연달아 터지는 폭발음 속에서 당황한 고종은 김옥균의 말을 따라 일본 공사에게 도움을 청하는 편지를 서둘러 썼단다. 고종과 왕비 일행이 경우궁에 도착하자, 미리 짜 둔 각본대로 일본 공사 다케조에가 이끄는 일본군 2백 명이 경우궁을 에워쌌어.

이윽고 날이 밝았어. 개화파는 새로운 정부를 구성한다고 발표했어. 영의정에 흥선 대원군의 조카 이재원, 좌의정에 홍영식, 외교에 서광범, 군사에 박영효와 서재필, 김옥균은 호조 참판을 맡았어. 이제 천하는 완전히 개화파의 손에 들어온 거나 다름없었어. 김옥균은 부푼 마음으로 고종에게 앞으로 이러이러한 정책을 펴겠다는 개혁안을 내밀었어.

3일째 되는 날, 고종은 창덕궁으로 돌아와 개화파의 개혁안을 그대로 시행하겠노라고 발표했어. 김옥균은 조선 천하가 이제 개화파의 뜻대로 되어 갈 것이며, 조선은 새로운 나라로 탈바꿈할 거라고 믿었어.

바로 그때였어. 포탄 소리가 천지를 진동했어. 뒤이어 청나라 군대

❗ 갑신정변에 참여한 궁녀 '고대수'

김옥균이 고종에게 청나라 군대가 쳐들어왔다고 거짓 보고를 했을 때, 천지를 진동한 폭발 소리는 고종에게 공포감을 심어 주기 위해 미리 계획한 것이었어. 대통에 든 화약에 불을 붙여 예정된 시간에 터뜨린 거야. 이 일을 한 사람은 '고대수'라는 궁녀였지.

고대수는 힘이 아주 센 데다가 얼마나 흉측하게 생겼는지 다시 한 번 돌아볼 정도라는 뜻에서 붙은 '별명'이라고 해. 고대수는 궁녀 중에서도 물 긷기, 빨래 같은 허드렛일을 하는 신분이 가장 낮은 무수리였어. 고대수는 개화파의 거사에 어떻게 참여하게 되었을까? 김옥균이 쓴 《갑신일록》에 그의 얘기가 딱 한 번 나온단다.

"궁녀 모씨(나이 42세. 신체가 남자처럼 건장하고 힘이 남자 대여섯을 당해 낼 만하여 고대수라고 불리며 왕비의 총애를 받아 가까이 모시는데 10년 전부터 우리 당에 들어와 때때로 비밀을 통보해온 자다)가 화약을 대통에 넣어 갖고 있다가 바깥에 불이 난 것을 신호 삼아 통명전에서 불을 붙이기로 한다."

가 궁궐로 들이닥쳤단다. 고종을 호위하고 있던 일본군은 사태가 불리할 듯싶자 재빨리 철수해 버렸어. 일본군만 믿었던 개화파들은 몹시 당황했지. 도망치는 것 외에는 별다른 도리가 없었어. 김옥균, 박영효, 서광범, 서재필 등 아홉 명은 일본 공사관으로 도망쳤다가 나무 궤짝 속에 숨어 인천으로 가서는 배를 타고 일본으로 떠났단다.

우정국
우정국은 우리나라 최초의 근대식 우체국이야. 우정총국이라고도 해. 갑신정변이 시작된 현장이지. 당시의 숨 가빴던 상황을 다 잊은 듯 지금은 건물만 조용히 서 있구나. 서울 종로구에 있어.

개화파 중 미처 도망가지 못한 사람들은 본인은 물론 가족, 친척까지 남김없이 처형당했어. 김옥균의 어머니와 큰누이는 처형당하기 전에 독약을 마시고 스스로 목숨을 끊었으며, 김옥균의 부인 유씨는 일곱 살 난 딸과 함께 노비가 되었단다. 갑신정변은 이렇게 '3일 천하'로 막을 내렸어. 공들여 준비한 개혁안 역시 휴지 조각이 되어 사라졌단다.

그런데 청나라 군대는 어떻게 때맞춰 나타난 걸까? 청나라 군대를 불러들인 건 바로 왕비 민씨였어. 경우궁에 피신해 있을 때, 민씨 친척들과 수구파들이 죽거나 다치고, 개화파가 정권을 잡았다는 사실을 알게 된 왕비가 청나라에 급히 군대를 보내 달라고 청했던 거야. 왕비 민씨는 개화파를 몹시 싫어하고, 수구파를 지지했거든.

박영효가 타고 간
일본의 배 메이지마루(명치환)

박영효가 만들었다고 추정되는 태극기
태극기는 1882년 일본에 사신으로 파견된 박영효가 배 안에서 만들었다고 알려져 있어. 하지만 박영효가 만든 태극기가 정확히 어떤 것인지는 알려져 있지 않았단다. 그런데 최근에 영국 국립 문서보관소에서 박영효가 만든 것으로 추정되는 태극기가 발견되었어. 사진을 잘 보렴. 지금의 태극기와 다르지? 초기의 태극기는 태극의 모양과 4괘의 위치가 제각기 달랐어. 태극기 모양이 지금과 같이 정해진 건 1949년의 일이야.

갑신정변이 실패한 까닭

갑신정변이 3일 천하로 끝나게 된 까닭은 무엇일까?

첫째, 백성들의 지지를 받지 못했기 때문이야. 당시 상인이나 농민들은 개화파에게 강한 반감을 품고 있었어. 상인들은 일본 상인들 때문에 제대로 장사를 할 수가 없었고, 농민들은 애써 농사지은 곡식을 일본에 다 빼앗겼기 때문에 파산 지경이었거든. 그런데도 개화파는 일본과 손잡고 일본처럼 개화를 한다 하니, 백성들은 도무지 환영할 수가 없었던 거야. 더욱이 개화파는 백성들을 설득하여 자기편으로 만들려는 노력을 하지 않았어.

갑신정변의 주역들
왼쪽부터 박영효, 서광범, 서재필, 김옥균이야. 개화파의 최후는 비참했어. 개화파의 한 사람인 홍영식과 박영효의 형 박영교는 끝까지 왕 곁에 있겠다면서 남았다가 청나라 군대에 목숨을 잃었단다. 유홍기는 거사가 실패했다는 소식을 듣고 행방을 감추었어.

둘째, 개화파는 일본을 지나치게 믿고 의지했어. 청나라의 지배로부터 벗어나려는 노력은 많이 했으면서도 정작 일본의 속셈은 알아차리지 못한 거야. 개화는 곧 일본을 닮는 것이라고만 생각했을 뿐, 조선을 손에 넣으려는 일본의 속셈을 알아차리질 못했어. 그러다가 믿었던 일본군이 약속을 어기고 철수해 버리자 당장 무너지고 만 거야.

비록 이런 허점이 있긴 했지만, 개화파의 갑신정변은 근대 국가를 건설하려 한 최초의 개혁 운동이었어. 개화파가 제시한 개혁안을 보면, 당시 정치·사회의 여러 문제들을 과감히 뜯어고치려 애쓴 흔적이 엿보인단다.

일본으로 도망간 김옥균은 어찌 되었을까? 일본은 김옥균을 매우 차갑게 대했어. 일본은 다만 조선을 손에 넣기 위해 개화파를 이용한 것뿐이었으니 그럴 수밖에. 김옥균은 10년 동안이나 고국으로 돌아오지 못하고 외국에서 떠돌다가, 청나라의 한 여관방에서 수구파 홍종우에게 죽고 말았단다. 김옥균의 시체는 고국에 돌아와 다시 한 번 목이 잘리는 형벌을 받았어. 그의 잘린 목은 '대역부도옥균'이란 깃발 아래에 내걸렸지.

갑신정변 개혁안

- 임오군란 때 청나라에 끌려간 흥선 대원군을 즉시 돌아오게 하고, 청나라에 바치는 조공을 폐지하여 청나라와의 관계를 끊을 것
- 문벌과 신분을 없애고 재능에 따라 인재를 등용할 것
- 토지에서 걷는 세금을 개혁하여 관리의 부정부패를 뿌리 뽑고, 가난한 백성을 구하며 나라 경제를 충실하게 할 것
- 환곡을 영원히 없앨 것
- 나라에 엄중한 손해를 끼친 자는 엄벌할 것
- 필요 없는 관청을 없앨 것
- 나라 경제는 호조에서 맡아 할 것
- 유능한 청소년들을 뽑아 외국에 유학생으로 보낼 것
- 과거 제도를 없앨 것

김옥균의 죽음 김옥균은 1894년 상해에서 홍종우의 총에 맞아 죽음을 당했어. 왼쪽은 당시 장면을 묘사한 일본의 그림이야. 오른쪽은 홍종우의 초상이란다. -서울시립대학교박물관

홍종우

군인들의 봉기, '임오군란'

갑신정변이 일어나기 2년 전, 군인들이 봉기를 일으킨 사건이 있었어. 이 사건을 '임오군란'이라고 해. 그런데 나라를 지켜야 할 군인들이 왜 봉기를 일으켰을까?

봉기의 시작은 밀린 봉급 때문이었어. 그러나 근본 원인은 일본에 대한 반감과 부패한 정치에 대한 저항이었단다. 당시 군인들은 1년이 넘도록 봉급을 받지 못하고 있었어. 봉급으로 쌀을 나눠 주게 되어 있었는데, 군인들에게 줄 쌀이 모자랐거든. 왜 모자랐을까? 강화도 조약을 맺은 후 쌀이 일본으로 흘러 나갔기 때문이야.

강화도 조약 이듬해부터 5년 동안 조선에서 일본으로 수출된 수출품 중 30퍼센트가 쌀이었어. 수출을 많이 하면 좋지 않냐고? 문제는 쌀이 아주 싼 값으로 수출되었다는 거야. 일본 상인들은 조선의 쌀을 헐값에 사다가 일본에 비싸게 팔아서 막대한 이익을 챙겼어. 쌀 수출로 부자가 된 건 일본 상인들이었지 조선 농민들이 아니었던 거야. 오히려 조선에서는 쌀 부족으로 쌀값이 치솟는 바람에, 가난한 사람들은 쌀을 살 수조차 없었어. 그래서 조선 백성들은 일본에 대해 깊은 원망과 반감을 갖게 되었지.

1882년 6월 어느 날, 드디어 군인들에게 밀린 봉급을 나눠 준다는 소식이 들렸어. 그런데 반가움에 봉급을 받으러 선혜청으로 달려간 군인들은 깜짝 놀랐단다. 쌀에서 퀴퀴한 냄새가 나는 데다가 그나마 모래와 겨가 잔뜩 섞여 있지 않겠

별기군 임오군란은 별기군이 아니라 구식 군대가 일으킨 봉기였어. 별기군은 개화 정책에 따라 새로 생긴 신식 군대였어. 이들은 일본인 교관 밑에서 신식 군사 훈련을 받았지. 대우도 구식 군대보다 훨씬 좋았어.

니? 담당 관리가 쌀을 몰래 빼돌리고 모자라는 만큼 모래와 겨를 섞어 놓았던 거야. 군인들은 참았던 분노를 터뜨렸어.

"굶어 죽으나 법으로 죽으나 죽기는 마찬가지다. 차라리 원한을 씻겠다."

분노의 표적은 일본인들과 썩은 관리들, 나아가 개화라는 이름으로 일본을 끌어들인 조정이었어. 군인들은 일본 공사관과 선혜청 책임자 민겸호의 집으로 몰려갔어. 도중에 왕십리, 이태원 주변의 가난한 백성들도 합세했어.

수천 명으로 불어난 사람들은 총리 대신 이최응과 민겸호를 죽이고, 왕비를 찾아 궁궐로 향했어. 왕비 민씨야말로 모든 잘못의 원인이라고 생각했기 때문이야. 그러나 왕비는 변장을 하고 궁궐을 빠져나와 장호원으로 피신했단다. 일본 공사는 겁에 질린 나머지 공사관에 불을 지르고, 그 틈을 타 일본으로 도망쳤어.

봉기군은 흥선 대원군이 다시 정치를 해 주길 원했어. 흥선 대원군은 외세와 타협하지 않고 부패한 민씨들과도 다르니, 유일하게 기대할 만하다고 믿은 거야. 흥선 대원군은 10여 년 만에 다시 권력을 잡았지. 그러나 오래가진 못했어. 청나라가 군사를 보내 흥선 대원군을 데려가 버렸거든. 그리고 청나라는 고종과 왕비 민씨를 도와준 대가로 '조·청 상민 수륙 무역 장정'이라는 긴 이름의 조약을 맺어 많은 이익을 챙겼어.

일본도 가만있지 않았지. 공사관이 입은 피해를 보상하라고 요구했어. 조선은 할 수 없이 50만 원의 배상금을 지불하고, 일본군이 조선에 와 있는 것을 허락한다는 내용의 조약을 또 맺어야 했단다. 인천의 제물포에서 맺은 이 조약을 '제물포 조약'이라고 해. 강화도 조약과 마찬가지로 일본에게 일방적으로 유리한 조약이었지.

임오군란 뒤, 조선은 청나라에 더욱 의지하게 되었어. 그래서 청나라로부터 벗어나자는 갑신정변이 일어나게 된 거란다.

1894년 전봉준과 동학 농민 운동

"우리가 의를 들어 여기에 이른 것은 그 뜻이 다른 데 있지 않고 백성을 도탄에서 건지고 국가를 반석 위에 두고자 하는 데 있다. 안으로는 썩은 관리의 머리를 베고, 밖으로는 횡포한 강적의 무리를 쫓아내고자 한다. 양반과 부자 앞에서 고통 받는 백성들과 수령 밑에서 굴욕을 당하는 아전들은 우리와 마찬가지로 원한이 깊은 사람들이다. 조금도 주저하지 말고 즉시 일어서라."

1864년
조선 시대
동학 교주 최제우 처형됨

1871년
신미양요 일어남
(미군이 강화도 침략)

1876년
일본과 강화도 조약 맺음

1884년
개화파, 갑신정변 일으킴
(3일 천하)

"세운아, 이 사진 좀 보렴."

사진첩을 뒤적이다가 엄마는 반가워서 소리쳤어.

세운이가 여섯 살 때, 녹두 장군 전봉준이 살던 집에서 찍은 사진을 발견한 거야.

녹두 장군 전봉준이 누구냐고? 동학 농민 운동을 이끈 사람이란다.

그땐 세운이가 너무 어려서 얘기할 수 없었지만,

오늘은 전봉준과 동학 농민 운동에 대해 자세히 얘기해 주마.

지난번 편지에서, 개항 후 조선이 해결해야 했던 과제가 두 가지였다고 했지?

하나는 외세 앞에서 나라를 지키는 것이고, 또 하나는 사회를 개혁하는 것이었다고 했어.

갑신정변을 일으킨 개화파는 개혁을 목표로 했지만 일본에 의지했기 때문에 실패했어.

그런가 하면 개화에 반대한 양반 유생들은 외세에 맞서 나라를 지키려 했으나

개혁에는 반대했지. 양쪽 다 하나만 좇다가 다른 하나를 놓친 거야.

그런데 두 가지 과제가 모두 중요하다는 것을 깨닫고

그것을 해결해 보려는 거대한 운동이 일어났어.

운동의 주인공은 개화파도 아니고, 양반 유생도 아닌 농민들이었단다.

이 운동을 '동학 농민 운동'이라고 해.

자, 그럼 동학 농민 운동의 현장으로 가 보자.

1894년
동학 농민 운동 일어남

1895년
을미사변 일어남
(일본 자객이 명성황후 시해)

1898년
대한제국
최초로 전차 개통(서대문–종로–홍릉)

사건의 시작은 전라도 고부 군수 조병갑의 횡포를 참다못해 고부 농민들이 봉기를 일으킨 것이었어. 이 봉기는 1894년 1월 11일 새벽에 시작되었단다. 농민들은 전봉준의 지휘 아래 고부 관아를 들이쳤어. 고부 관아는 쉽게 점령되었지만, 군수 조병

만석보 유지 비
만석보는 저수지인데 고부 농민 봉기의 원인이 된 곳이야. 고부 군수 조병갑은 이미 있는 저수지 외에 또 새 저수지 만석보를 만들고 물세를 거두었어. 견디다 못한 농민들은 봉기를 일으켰고, 만석보를 헐어 버렸단다. 오늘날 만석보의 자취는 남아 있지 않고 기념비만 서 있지. 전라북도 정읍시 이평면에 있단다.

조규순 영세불망비
조규순은 고부 군수 조병갑의 아버지야. 조병갑은 이 비석을 세운다고 고부 백성들에게 천 냥을 거둬들였어. 전라북도 정읍시 태인면의 이름난 정자 피향정 뜰에 서 있단다.

갑은 이미 달아나고 없었단다. 전봉준은 창고에 쌓여 있던 곡식을 꺼내 굶주린 농민들에게 나눠 주고, 억울하게 갇혀 있던 사람들을 풀어 주었어.

　이 소식을 듣고 각지에서 농민군이 속속 모여들었어. 김개남, 손화중, 오하영, 손여옥 등 전봉준의 동지들이 농민군을 이끌고 왔단다. 농민군의 숫자는 1만 3천 명으로 불어났어. 농민군은 백산에 진을 쳤어. 백산은 나지막한 산인데 올라서면 사방에 펼쳐진 들판이 훤히 내려다보여서 주변을 살피기에 아주 좋았어. 백산은 흰옷을 입고 죽창을 든 농민군으로 뒤덮였어. 흰옷 입은 농민군이 일어서면 백산은 온통 흰색으로 변하고, 농민군이 자리에 앉으면 온통 죽창으로 뒤덮였단다. 그래서 '일어서면 백산, 앉으면 죽산' 이라는 말이 생겼다고 해.

동학 농민군의 백산 봉기
백산에 모인 농민군과 전봉준을 그린 기록화야. 한가운데 우뚝 선 사람이 전봉준이야.

고부 관아 터
고부 관아가 있던 자리에 1906년 고부 초등학교가 들어섰어.

나라를 구하고 백성을 편안하게

농민군은 '보국안민'의 깃발을 높이 들었어. 보국안민이란 '나라를 구하고 백성을 편안하게 한다'는 뜻이야. 농민군이 일어선 까닭을 한마디로 표현한 것이란다.

농민군의 지도자 전봉준은 농민군이 앞으로 무엇을 할 것인가를 만천하에 알리는 글을 발표했어.

"우리가 의를 들어 여기에 이른 것은 그 뜻이 다른 데 있지 않고 백성을 도탄에서 건지고 국가를 반석 위에 두고자 하는 데 있다. 안으로는 썩은 관리의 머리를 베고, 밖으로는 횡포한 강적의 무리를 쫓아내고자 한다. 양반과 부자 앞에서 고통 받는 백성들과 수령 밑에서 굴욕을 당하는 아전들은 우리와 마찬가지로 원한이 깊은 사람들이다. 조금도 주저하지 말고 즉시 일어서라. 만일 기회를 잃으면 후회해도 미치지 못하리라."

*輔 도울 보
國 나라 국
安 편안할 안
民 백성 민

전봉준이 살던 집
전라북도 정읍에 있는 전봉준의 집이야. 전봉준의 신분은 양반이었지만 집안 형편은 매우 어려웠어. 생김은 어땠냐고? 키가 아주 작아서 별명이 녹두였단다. 비록 키는 작았지만 담력과 힘은 보통 사람보다 훨씬 세었다고 해.

또, 농민군이 반드시 지켜야 할 네 가지 행동 규칙도 발표했어.

"첫째, 사람을 함부로 죽이지 말고 가축을 해치지 마라. 둘째, 충효를 다해 세상을 구하고 백성을 편안하게 하라. 셋째, 일본 오랑캐를 몰아내고 정치를 바로잡는다. 넷째, 군사를 몰고 한양으로 들어가 못된 벼슬아치들을 없앤다."

여기서 잠깐 농민군의 지도자 전봉준에 대해 알아보자.

전봉준은 여느 양반들처럼 유학을 공부하여, 동네 아이들을 가르치는 훈장 노릇도 하고, 한약을 지어 주는 한의원 노릇도 했단다. 그러면서 그는 항상 속으로는 어떻게 해서든 기울어 가는 나라를 구하고, 힘든 생활을 하는 백성을 구해야 한다는 뜻을 품고 있었어. 그리고 뜻을 같이하는 동지들을 모았단다. 김개남, 손화중 같은 동지들이 전봉준과 함께하겠다고 굳은 맹세를 했어.

당시 양반들은 동학을 백성을 홀리는 그릇된 사상이라 하여 싫어했고, 나라에서도 금지하고 있었어. 그러나 전봉준은 보통 양반들과는 달리 동학을 매우 좋아하여 동학에 들어갔단다. 그가 동학을 좋아한 이유는 아마도 사람을 하늘처럼 섬기라는 동학 사상이

❗ 선운사 부처님 배꼽에서 나온 비결

전라북도 고창에 있는 선운사의 뒷산 중턱 벼랑에는 거대한 부처님이 새겨져 있단다. 전설에 따르면, 이 부처님 배꼽에 신비한 비결이 들어 있는데, 그 비결이 세상 밖으로 나오는 날 한양이 망한다고 했어. 한양이 망한다는 건 곧 조선이 망한다는 얘기 아니냐.

그런데 동학 농민 운동이 일어나기 직전, 누군가가 부처님 배꼽에서 비결을 꺼냈다는 소문이 쫙 퍼졌어. 비결을 꺼낸 주인공은 농민군의 지도자 손화중이라고 했어. 소문을 들은 전라도 관찰사가 농민군을 잡아다 캐물었지만, 아무도 비결의 행방을 몰랐단다.

선운사 도솔암 마애불 부처님 배꼽 근처에 나 있는 네모난 흔적이 보이니? 그곳에 비결이 들어 있었다는구나. 전라북도 고창에 있어.

이때 손화중이 가져간 비결은 무엇이었을까? 다름 아니라 실학자 정약용이 쓴 《경세유표》였다고 해. 세상에 알려진 《경세유표》 말고 별도의 《경세유표》가 있었는데, 그 《경세유표》 별본에는 정약용의 개혁안 중에서도 가장 앞선 주장이 담겨 있다는 거야. 《경세유표》 별본은 오늘날 남아 있지 않아. 그러나 전봉준이 정약용의 사상에 영향을 받았을 가능성은 퍽 크단다.

**김개남(왼쪽)과
손화중(오른쪽)**
전봉준과 함께 농민군을 이끈 지도자들이야. 농민군이 패배한 뒤, 둘 다 체포되어 처형당했어.

차별받고 고통 받는 백성들에게 희망이 될 수 있다고 믿었기 때문일 거야.

오랫동안 나라와 백성을 구할 뜻을 품어 오던 전봉준에게 시련이 닥쳤어. 아버지 전창혁이 고부 군수 조병갑의 횡포에 맞섰다가 그만 곤장을 맞고 죽은 거야. 전봉준은 아버지의 죽음을 보면서 더는 참을 수 없다고 생각했어. 마침내 전봉준은 가슴속에 품어 온 뜻을 실천에 옮기기 위해 일어났어. 그리하여 앞에서 말한 고부 농민들의 봉기에 앞장을 서게 된 거란다.

관군과의 첫 격돌, 황토재 싸움의 승리

1894년 5월, 농민군이 일어섰다는 소식을 들은 조정에서는 황급히 관군을 보내 농민군을 토벌하게 했어. 농민군과 관군이 첫 대결을 벌인 곳은 황토재였어. 황토재는 삼면에 강이 흐르고 있어서 안개가 많이 끼는 곳이란다.

관군이 황토재에 다다른 날, 밤이 되자 역시 안개가 자욱하게 끼었어. 농민군은 진영을 비워 둔 채 주변의 산속에 몸을 숨기고 기다렸어. 그런 줄도 모르고 관군은 먼저 공격을 해 왔지. 텅 빈 농민군의 진영을 보고 관군이 당황한 순간, 농민군은 함성을 지르며 공격했단다. 관군은 순식간에 무너졌어. 날이 밝아 안개가 걷혔을

황토재 싸움

황토재에서 관군과 첫 싸움을 벌인 농민군은 큰 승리를 거두었어. 황토재 싸움으로 용기백배한 농민군은 기세를 몰아 전라도 각 고을을 단숨에 휩쓸었단다.

때, 황토재는 관군의 시체로 뒤덮여 있었어.

황토재에서 승리를 거둔 농민군은 기세를 몰아 정읍, 흥덕, 고창, 무장, 영광, 함평 등 전라도 각 고을을 단숨에 손에 넣고 전주를 함락시켰어. 전주는 호남을 대표하는 중요한 도시야. 전주성의 남쪽 대문인 풍남문에는 '호남제일성'이라는 현판이 달려 있단다. 호남에서 으뜸가는 성이라는 뜻이지. 그런 전주가 농민군에게 함락되었다는 소식을 들은 조정은 큰 충격을 받았어. 전주는 '호남제일

농민군은 전라도의 정읍, 흥덕, 고창, 무장, 영광, 함평을 손에 넣고, 마침내 '호남제일성'이라 불리는 전주까지 함락시켰어. 전라도 일대는 농민군의 세상으로 바뀌었단다.

성'인 데다가 태조 이성계의 영정을 모신 경기전이 있는 곳이기도 하거든.

위기를 느낀 조정은 농민군의 요구를 들어주겠다면서 화해를 하자고 했어. 전봉준은 고민에 빠졌단다.

'기세를 몰아 계속 한양으로 진격할 것인가, 아니면 화해를 할 것인가?'

전봉준의 머릿속에는 여러 가지 생각이 스쳐 갔어. 과연 농민군이 한양을 점령할 수 있을까? 여러 날 싸움을 계속해 온 농민군에게 휴식 시간이 필요한 건 아닐까? 한양을 점령한 뒤엔 어찌할 것인가? 농민군 진압을 구실 삼아 청나라와 일본이 조선에서 전쟁을 벌인다는 소문이 있는데 정말일까? 등등.

그런데 이때 조정은 이미 청나라에 군대를 보내 농민군을 토벌해 달라는 부탁을 해 놓은 상태였어. 선혜청 책임 관리였던 민영준이 조선에 와 있던 청나라 관리 원세개를 몰래 만나 군대를 보내 달라고 요청했단다. 남의 나라에 부탁해서 제 나라 백성들을 토벌해 달라고 하다니 지금 생각하면 기가 막힌 일이지만, 당시 조선을 다스리던 지배층은 아무렇지도 않게 그런 일을 했단다. 청나라로선 무릎을 치며 좋아할 일이었지.

그런데 사태는 더욱 심각해졌어. 청나라 군대가 조선에 온다는 소식을 듣고 일본도 급히 군대를 보낸 거야. 청나라 군대 1천 5백

전주 풍남문
전주성의 남쪽 대문인 풍남문이야. 전주는 호남을 대표하는 중요한 도시인 데다가 태조 이성계의 영정을 모신 경기전이 있는 곳이지. 때문에 농민군이 전주를 함락시키자 조정은 깜짝 놀라 화해를 청했단다. 그리하여 전주 화약이 맺어졌어.

명, 일본군 6천 명이 조선에 도착했어. 조선은 금세라도 전쟁이 터질 듯한 긴장 상태에 빠졌어.

  그러자 전주에 있던 전봉준과 농민군은 외세를 몰아내는 것이 무엇보다도 우선이라고 판단하고, 농민군이 원하는 개혁안을 받아들인다는 조건으로 조정과 화해를 하기로 결심했어. 그리하여 농민군 대표와 조정 대표가 전주에서 만나 화해의 약속을 맺었단다. 이것을 '전주 화약'이라고 해.

  전주 화약을 맺은 뒤 농민군은 각자 집으로 돌아갔어. 하지만 아무 일도 없었던 것처럼 그냥 지낸 건 결코 아냐. 농민군 세력 아래에 있는 전라도와 충청도, 경기도 일대에 지역마다 집강소를 세워서 농민군 대표가 참여한 가운데 농민군이 주장한 개혁 내용들을 실천에 옮겼어.

그러나 집강소의 활동이 순탄하기만 했던 건 아냐. 오랫동안 양반과 관리들의 횡포에 눌려 지내 온 농민들이었기 때문에 때로는 분노한 나머지 폭력 사태가 일어나기도 했고, 집강소 때문에 예전

집강소
집강소는 우리 역사에서 최초로 농민 대표가 참여하여 농민의 뜻을 반영하는 정치를 했다는 점에서 무척 중요해. 비록 농민군 세력 안에 있는 일부 지역에서만 실시되긴 했어도 말이야.

처럼 마음대로 거들먹거릴 수 없게 된 양반들이 농민군을 가만두지 않겠다면서 싸움을 일으키기도 했어.

'항일구국'의 깃발을 들고

전주 화약으로 농민군은 해산을 했건만, 일본군과 청군은 물러가지 않았어. 더욱이 일본은 이 기회에 청나라를 조선에서 완전히 손 떼게 할 심산으로 전쟁을 시작했어. 이것이 1894년 6월에 일어난 '청·일 전쟁'이란다. 청·일 전쟁은 일본도 청나라도 아닌 조선 땅에서 벌어졌어. 결전지는 평양이었는데, 전투 결과는 일본의 승리였어.

승리한 일본은 조선을 마음대로 좌지우지하기 시작했어. 일본이 판을 치는데도 조정은 일본에 끌려다니고 있었단다. 그것을 알게 된 전봉준은 다시 한 번 농민군이 일어나 외세를 물리치고 나라를 구하는 것 외에는 달리 길이 없다고 생각했어.

1894년 9월, 마침내 농민군은 다시 일어났어. '항일구국(일본과 싸워 나라를 구하자)'이란 깃발을 높이 휘날리며 농민

*抗日救國
- 抗 겨룰 항
- 日 날 일
- 救 구원할 구
- 國 나라 국

인천 제물포에 상륙하는 일본군
농민군을 진압하기 위해 청나라 군대가 출동하자 일본도 뒤질세라 군대를 인천에 상륙시켰어. 조선은 전쟁이 터질 듯한 긴장 상태에 빠졌단다.

농민군의 개혁안

- 탐관오리, 횡포한 부자, 못된 양반을 처벌할 것
- 노비 문서를 없애고 천인들에 대한 대우를 개선할 것
- 정해진 세금 이외의 잡세를 거두지 말 것
- 가문 중심이 아니라 인재 중심으로 관리를 채용할 것
- 일본과 몰래 통한 자를 처벌할 것
- 토지를 공평하게 나눠 줄 것

군은 충청남도 논산에 모여 싸울 준비를 했단다. 드디어 농민군과 일본군의 결전이 공주 우금치에서 벌어졌어.

우금치는 '개금티'라고도 불리는 가파른 고개야. 고개를 오르는 농민군에게 일본군의 최신 무기가 불을 뿜었어. 농민군은 빗발치는 총알 앞에 죽창으로, 나중에는 맨몸으로 대항했지만 역부족이었단다. 시간이 갈수록 농민군은 뒤로 밀렸어. 처절한 싸움이었어. 농민군의 시체가 산처럼 쌓이고 이들이 흘린 피가 냇물을 이루었단다.

패배한 농민군은 논산으로, 다시 전주로 후퇴했어. 그리고 전열을 가다듬어 원평, 태인에서 결전을 벌였지만, 이것 역시 패했단다. 안 되겠다고 생각한 전봉준은 농민군의 해산을 명령했어. 그러고는 부하 세 명을 데리고 순창으로 갔단다. 잠시 피해 있으면서

끌려가는 전봉준
순창에서 사로잡힌 전봉준이 한양으로 끌려가면서 찍은 사진이야. 오른쪽 아래에 '동학수괴 전봉준'이라고 쓰여 있구나. 사진을 찍은 사람은 누구일까?

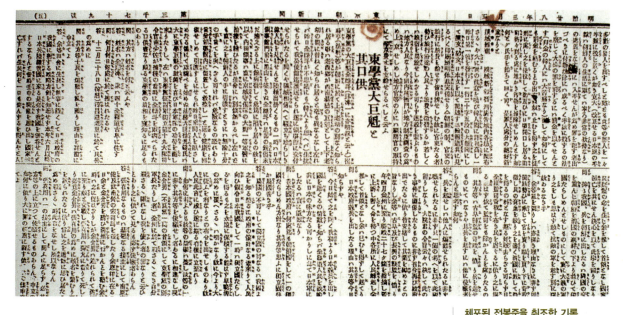

체포된 전봉준을 취조한 기록
취조하는 일본 군인과 전봉준의 문답을 기록한 것이야. 당시 일본 신문에 실렸어. 봉기한 이유가 무엇이냐는 물음에 전봉준은 이렇게 대답했어. "나라가 멸망한다면 백성이 어찌 하루라도 편안할 수 있는가…… 나라와 멸망을 함께할 것을 결심하고 거사를 일으킨 것이다."

앞일을 생각할 작정이었어.

전봉준은 순창에 살고 있는 옛 부하 김경천을 찾아갔어. 그런데 김경천은 전봉준의 목에 걸려 있는 현상금에 눈이 멀어 배신을 하고 말았단다. 그는 전봉준을 안심시켜 잠자리에 들게 한 다음 관가에 알렸어. 전봉준은 어둠 속에서 날아든 몽둥이 세례를 받고, 결국 쓰러지고 말았지.

사로잡힌 전봉준은 한양으로 끌려가 일본 영사관에 갇혔어. 일본은 전봉준이 살려 달라고 빌기만 하면 원하는 대로 해 주겠다고 유혹했지만, 전봉준은 끝까지 당당함을 잃지 않고 한마디로 잘라 말했어.

"구차하게 살 길을 구하는 것은 내 뜻이 아니다."

전봉준은 다섯 번의 심문을 거쳐 사형을 선고받고는 교수형을

동학 농민 운동 백주년 기념탑
농민 운동이 일어난 1894년을 기념하여 탑의 높이를 18.94미터로 했단다. 전라북도 정읍 내장산 입구의 전봉준 공원에 있어. 마치 그때 농민군들의 함성이 들리는 듯하구나.

당했어. 그의 나이 마흔한 살이었지.

전봉준과 그를 따른 농민군들은 무엇을 바라면서 그토록 열심히 싸웠을까? 그들이 바란 세상은 어떤 것이었을까? 전봉준과 농민군이 바란 세상은 썩은 관리들에게 시달리지 않고, 농민과 천민을 차별하지 않는 세상이었어. 그리고 일본에게 호락호락 넘어가지 않는 탄탄한 나라를 원했어. 전봉준과 농민군은 조선 사회를 개혁하고 외세를 몰아내 살기 좋은 나라에서 살고 싶어 했던 거야.

그러나 이들의 소망은 이루어지지 못했고 이들의 봉기는 실패로 끝났어. 하지만 그 소망만큼은 사람들의 가슴에 남아 꺼지지 않는 불씨가 되었단다. 후세 사람들은 전봉준과 농민군을 기억하는 노래를 대대손손 이어 가며 불렀어.

새야 새야 파랑새야 녹두밭에 앉지 마라
녹두꽃이 떨어지면 청포장수 울고 간다

경복궁 습격 사건과 갑오개혁

전주 화약이 맺어진 지 약 45일 뒤인 1894년 6월 25일 새벽, 일본 군대가 총을 마구 쏘아 대며 경복궁을 습격했어. 일본은 고종을 위협하여 제 마음에 드는 사람들을 주요 관직에 앉힌 다음, 여러 제도들을 개혁하게 했어. 이것을 '갑오개혁'이라고 해. 일본은 왜 조선을 개혁하려고 했을까? 조선을 도와서 잘 살게 해 주려고? 아니란다. 일본이 지배하기 쉽도록 조선을 개조하는 데 목적이 있었어.

비록 일본의 간섭 아래 시작되긴 했어도, 갑오개혁에는 그동안 여러 사람들이 줄기차게 주장해 온 개혁 내용들이 꽤 많이 들어 있었어. 농민군이 주장한 개혁안, 개화파가 주장한 개혁안이 상당히 포함되었지. 왜 그랬을까? 당시 사회에 꼭 필요하고 절박한 개혁이었기 때문에 외면할 수 없었던 거야. 자, 그럼 갑오개혁의 주요 내용을 알아보자.

김홍집 김홍집은 갑오개혁 때 총리대신이었어. 갑오개혁은 여러 면에서 개혁을 시도했지만, 일본의 간섭 아래 이루어진 것이었단다.

- 청나라에 의지하지 않으며, 모든 문서에 개국기원을 사용하여 자주 독립국임을 밝힌다.
- 과거 제도를 폐지하고, 관리를 뽑을 때 신분과 가문에 관계없이 인재를 뽑는다.
- 죄인의 가족과 친척까지 형벌을 받는 연좌제를 없앤다.
- 남자 20세, 여자 16세 이하의 결혼을 금한다.
- 과부의 재혼은 자유에 맡긴다.
- 노비 제도를 없앤다.
- 각종 세금은 돈으로 낸다.
- 도량형을 통일한다.
- 양반도 상업을 할 수 있게 한다.
- 왕실과 국가의 사무는 구별하여 서로 혼동하지 않는다.
- 총명한 젊은이를 뽑아 외국에 보내 학술과 기예를 배우게 한다.

명성 황후,
그 비극의 죽음

1895년

한 나라의 왕비가 이웃 나라 자객에게 죽다니, 정말 기막히고 가슴 아픈 일이지 뭐냐. 그런데 엄만 이런 생각을 해 보았단다. 명성 황후는 그 비극적인 죽음 때문에 지나치게 한쪽으로 치우친 평가를 받고 있는 것은 아닌가 하고 말야.

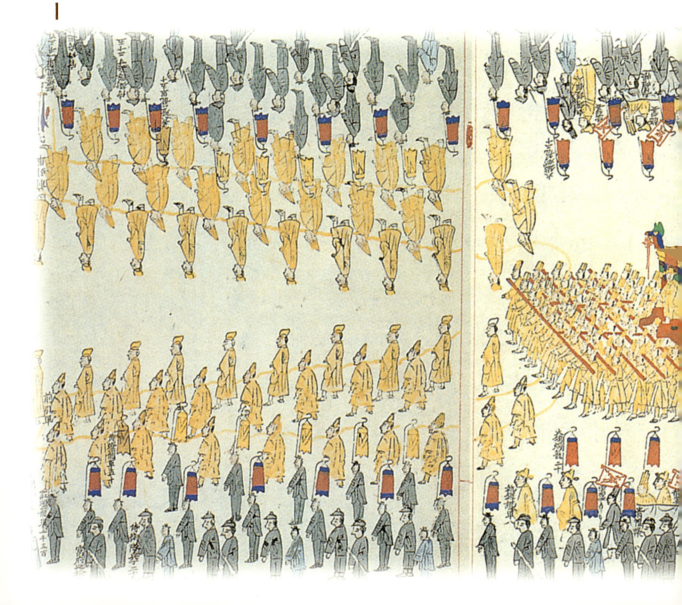

1864년
조선 시대
동학 교주 최제우 처형됨

1871년
신미양요 일어남
(미군이 강화도 침략)

1876년
일본과 강화도 조약 맺음

1884년
개화파, 갑신정변 일으킴
(3일 천하)

"요즘은 역사에 관심 있는 어린이 치고 명성 황후를 모르는 사람이 없더구나."

"으음, 그건 말야. 명성 황후가 비극적으로 죽었기 때문이야."

명성 황후는 고종의 왕비야.

앞의 편지들에서 엄마가 '왕비 민씨'라고 부른 사람이 곧 명성 황후란다.

그런데 왜 '왕후'가 아니라 '황후'냐고?

그건 1897년에 대한제국이 황제국을 선포했기 때문에 왕후에서 황후로 높여진 거야.

이제부터는 우리도 명성 황후라고 부르자꾸나.

명성 황후는 1895년 일본 자객들 손에 살해되었어.

한 나라의 왕비가 이웃 나라 자객에게 죽다니, 정말 기막히고 가슴 아픈 일이지 뭐냐.

그런데 엄만 이런 생각을 해 보았단다. 명성 황후는 그 비극적인 죽음 때문에

지나치게 한쪽으로 치우친 평가를 받고 있는 것은 아닌가 하고 말야.

명성 황후는 기울어 가는 나라를 구하려다 장렬하게 죽은 애국자로 평가되기도 하지만,

다른 한편으로는 남편 고종을 뒷전으로 밀어 놓고

시아버지인 흥선 대원군과 맞서다가 나라를 망친 고약한 며느리로 평가되기도 하거든.

무엇이 명성 황후에 대한 올바른 평가일까?

자, 그럼 명성 황후에 대해 알기 위해 먼저 그 죽음의 현장으로 가 보자.

1894년
동학 농민 운동 일어남

1895년
을미사변 일어남
(일본 자객이 명성 황후 시해)

1898년
대한제국
최초로 전차 개통(서대문-종로-홍릉)

1895년 10월 8일(음력 8월 20일) 새벽 5시 30분경, 경복궁의 정문인 광화문에서 갑자기 총소리가 울렸어. 일본인들이 침입해 온 거야. 궁궐을 지키던 훈련대 연대장 홍계훈이 총에 맞아 그 자리에서 죽었어. 그리고 나서 일본인들은 곧장 왕비의 거처인 곤녕합을 향해 달려갔어. 곤녕합은 경복궁의 맨 안쪽 깊숙한 곳에 자리 잡고 있었단다.

옥호루에서 생긴 일

곤녕합에는 옥호루라는 건물이 딸려 있었어. 옥호루에 뛰어든 일본인들은 궁녀들을 마구 끌어냈어. 바로 이때 그 광경을 목격한 사람이 있는데, 고종의 비밀 경호원 사바틴이야. 그의 증언을 들어 보자.

사바틴

사바틴은 러시아 사람으로, 독립문의 세부 설계도를 만든 건축 기사인 동시에 고종을 비밀리에 경호하는 임무도 맡고 있었어. 사바틴은 명성 황후 시해 현장을 목격한 직후, 일본인에게 붙잡혀 궁궐 밖으로 내쫓겼단다. 그런데 당시 그가 목격한 사실을 써 낸 보고서가 1995년 러시아에서 발견되었어. 이 보고서는 명성 황후 시해 사건의 진상을 파헤치는 데 큰 도움이 된단다.

"옥호루의 마루에는 일본도를 찬 20~25명가량의 일본인들이 있었다. 그들은 방 안팎을 뛰어다니며 여인들의 머리채를 잡아끌고 나와 마루 아래로 내던지고 발로 걷어찼다."

사바틴은 이 장면을 목격한 직후, 일본인들에게 붙잡혀 끌려갔어. 또 다른 증언도 있어. 미국 공사가 자기 나라에 보고하려고 쓴 보고서에 실려 있는 한 궁녀의 증언이란다.

"궁녀의 이야기로는, 소란한 사태에 놀란 궁녀들이 왕비의 방으로 몰려들었는데 궁내부 대신 이경직도 달려왔다. 일본인 몇 명이 방으로 쳐들어왔고, 이경직이 왕비 앞을 가로막았지만 일본인의 칼에 맞고 살해되었다. 공포에 질린 왕비가 자신은 단지 방문객일 뿐이라고 말하고 다른 궁녀들도 같은 말을 하자, 한 일본인이 왕비를 내동댕이치고 구둣발로 가슴을 세 번 짓밟은 다음 칼로 찔렀다. 이때 궁녀들도 동시에 살해되었다. 궁녀들은 왕비와 비슷하게 생겼기 때문에 왕비 살해를 확실하게 하기 위해 죽인 것이 틀림없다."

명성 황후의 최후를 매우 상세하게 묘사하고 있어. 텔레비전 드라마에 나온 시해 장면과는 많이 다르지? 드라마에서는 죽음을 예감한 명성 황후가 당당하게 죽음을 맞았어. 아마 드라마 작가는 명성 황후라면 그 정도의 당당함을 갖추어야 하지 않을까 하고 생각했나 봐.

왕비를 죽인 일본인들은 그 증거를 없애 버렸어. 당시 현장을 목격한 군인의 증언을 들어 보자.

을미사변
명성 황후는 새벽에 침입한 일본 자객들에게 비극적인 죽음을 당했어.

"여인들이 살해된 직후 일본 자객의 두목은 주머니에서 사진 한 장을 꺼내 확인한 뒤, 시신 중 둘을 밖으로 내가도록 부하들에게 명령했다. 이어 시신에 석유를 끼얹고 불을 질렀다. 이 두 시신 중의 하나는 왕비였으며, 이렇게 한 목적은 왕비의 모든 흔적을 없애 버리기 위해서였다."

시신을 불태운 곳은 곤녕합 근처에 있는 녹원이라는 숲이었어. 일본인들은 타고 남은 재를 연못에 뿌려 버렸단다. 다른 시신들은

옥호루
명성 황후가 시해당한 곳이야. 경복궁 맨 안쪽에 자리 잡은 건청궁에 있어. 최근에 복원되었단다.

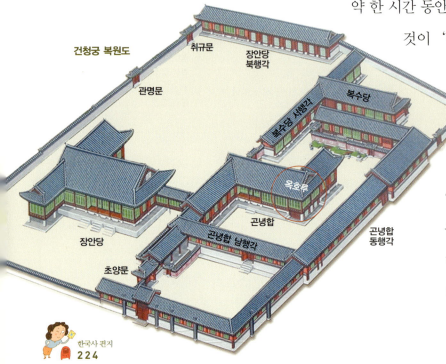

건청궁 복원도

궁궐 밖으로 실어 가 비밀리에 처리했다고 해.

처음 광화문에서 총소리가 울린 것이 새벽 5시 30분경, 그로부터 약 한 시간 동안 이 모든 일이 일어났어. 이것이 '명성 황후 시해 사건'이란다. '을미년에 일어난 변고'라는 뜻으로, '을미사변'이라고도 해.

사건의 뒷수습을 위해 일본인들은 바삐 움직였어. 공사관에서 포도주를 마시며 기다리고 있던 일본 공사 미우라는 왕비 시해에 성공

러시아 공사관에 피신 중인 고종
오른쪽 창가에 있는 세 사람 중 가운데가 고종이고, 왼쪽 앞이 세자야. 고종과 세자가 러시아 공사관에서 사는 동안 러시아는 조선에서 막강한 세력을 휘두르며 많은 이익을 챙겼지.

했다는 보고를 받자마자 즉시 궁궐로 들어가 고종에게 거짓말을 했단다.

"대원군과 조선인 훈련대가 반란을 일으켰으며, 왕비는 도망쳐 행방을 알 수 없습니다."

고종과 세자(나중에 순종이 됨)는 왕비에게 무슨 큰일이 일어났을 거라고 짐작은 하면서도 어쩔 도리가 없었단다. 일본인들에게 둘러싸여 옴짝달싹할 수 없었거든. 이틀 후, 왕비를 폐서인한다는 발표가 나고, 닷새 뒤에는 새 왕비를 간택한다는 발표가 났어. 이 모든 것은 고종의 본심이 아니었단다. 일본의 강제에 못 이겨 내린 명령이었어.

고종은 일본인들이 자기도 언제 죽일지 모른다는 공포에 휩싸였어. 궁궐에서 만든 음식은 독이 들었을까 봐 먹을 엄두조차 못 내고, 심지어는 러시아 공사관과 미국 공사관에서 음식을 만들어 자물쇠를 채운 상자에 넣은 다음 궁궐로 가져와 먹을 정도였단다.

명성 황후 순국 숭모비
명성 황후의 비극적인 죽음을 기리는 비석이야. 명성 황후 생가가 있는 경기도 여주시의 명성 황후 기념관 앞에 있어.

　불안에 떨던 고종은 경복궁에서 경운궁(덕수궁)으로 이사를 했어. 그리고 얼마 뒤, 일본인들 몰래 러시아 공사관으로 피신했단다. 경운궁에서 러시아 공사관은 아주 가까웠어. 전하는 얘기로는 경운궁과 러시아 공사관 사이에 지하 비밀 통로가 있었다고도 해.

　그런데 왜 하필 러시아 공사관으로 갔을까? 미국, 프랑스, 영국 공사관도 있었는데……. 당시 러시아는 일본의 가장 강력한 라이벌이었기 때문이야. 일본을 싫어하는 러시아니만큼 자신을 잘 보호해 줄 거라고 고종은 생각했지.

　고종과 세자는 1896년 2월 11일부터 약 1년 동안 러시아 공사관에서 살았어. 한 나라의 왕과 세자가 자기 나라에 와 있는 외국 공사관에 피신해 살다니, 국제적인 망신이 아닐 수 없구나. 하지만 그것이 당시 조선의 실정이었어.

일본인들은
왜 명성 황후를 죽였을까?

그런데 일본인들은 왜 명성 황후를 죽였을까? 해답은 당시의 복잡한 국제 정세 속에 있어. 일본, 청나라, 러시아는 조선을 둘러싸고 서로 팽팽한 대결을 벌이고 있었어. 청나라는 조선은 옛날부터 자기네 속국이라고 주장했고, 러시아는 아시아에서 일본의 세력이 커지는 것을 막기 위해 조선을 이용하려 들었어. 또 일본은 어떻게든 조선을 손아귀에 넣으려고 혈안이 되어 있었단다.

일본은 먼저 청나라부터 제거하기로 하고, 청·일 전쟁을 일으켰어. 청·일 전쟁에서 승리한 일본은 청나라를 조선에서 완전히 손 떼게 한 다음, 청나라 영토인 요동 반도까지 빼앗았단다. 그러자 러시아가 안 되겠다 싶어서 나섰어. 일본이 너무 강해질까 봐 염려되었던 거야.

러시아는 독일, 프랑스와 손잡고 일본에 압력을 넣었어. 요동 반도를 청나라에 되돌려주라고 말야. 이 사건을 '삼국 간섭'이라고 해. 일본을 막기 위해 러시아, 독일, 프랑스, 삼국이 간섭한 사건이란 뜻이지.

삼국 간섭의 소식을 듣고 가장 기뻐한 사람은 명성 황후였어. 명성 황후는 일본을 몹시 싫어했거든. 왜냐하면 일본이 자신과 고종을 정치에서 물러나게 하고, 이름뿐인 왕과 왕비로 남겨 놓으려 한다고 생각했기 때문이야.

시해 주범들

명성 황후를 시해한 일본인들은 단순한 깡패나 자객이 아니었어. 총지휘자였던 시바 시로는 미국 하버드 대학과 펜실베이니아 대학에서 경제학을 공부한 사람이란다. 호리쿠치 구마이니는 동경 대학 법학부를 졸업한 인물로, 나중에 브라질 공사와 루마니아 공사를 지냈어. 그 밖에 일본 공사관원, 경찰, 군인, 신문사 기자 등이 시해에 참여했단다. 기자들은 일본에 유리하게 기사를 쓰는 임무를 맡았어.

일본 공사관 근처 풍경
일본 공사관은 한양에 들어선 최초의 외국 공사관이었어. 그 후 미국, 영국, 프랑스, 독일 공사관 들이 잇달아 들어섰지.

명성 황후는 청나라가 이미 힘을 잃었으니, 기댈 곳은 러시아뿐이라고 생각했어. 그래서 삼국 간섭의 소식을 듣자마자 곧 러시아와 친한 '친러파' 인물들을 주요 직책에 앉혔어.

화가 난 일본은 조선이 러시아와 가까워지는 것을 막을 방법이 없을지 온갖 궁리를 했어. 청·일 전쟁처럼 한바탕 전쟁을 벌여 러시아와 맞붙자니, 아직 힘이 모자란다고 판단했어. 그래서 생각해 낸 방법이 바로 명성 황후를 없애는 것이었단다. 친러파의 중심 인물인 명성 황후를 없애면 된다고 생각한 거야. 그 임무를 띠고 조선에 온 사람이 미우라 공사였어. 미우라 공사는 치밀한 작전 계획을 짰어. 작전의 이름은 '여우 사냥'. 그러고는 계획대로 명성 황후를 잔혹하게 죽였단다.

사건 후, 일본은 미우라 공사와 자객들, 사건에 관계된 47명을 전부 일본으로 불러들여 재판을 열었어. 그러나 이 재판은 남의 나라 왕비를 죽였다는 국제 여론의 비난을 피하고, 사건이 더 커지

명성 황후의 장례 행렬
명성 황후의 죽음이 공식적으로 발표된 것은 두 달이나 지난 뒤였어. 그리고 장례식은 2년 뒤인 1897년 11월에야 치러졌어. 사진은 명성 황후 장례식 장면을 그린 의궤란다.
—규장각한국학연구원

전에 덮어 버리기 위한 형식적인 재판이었어.

 재판 결과, 47명은 증거 불충분이라는 이유로 모두 석방되었어. 이렇게 해서 명성 황후 시해 사건은 영영 해결되지 못하고, 안개 속에 묻히고 말았단다.

 그러나 명성 황후 시해 사건은 일본과 서양 강대국의 세력 다툼 속에서 일본이 저지른 일이었어. 확실한 증거가 없을 뿐.

명성 황후의 진짜 얼굴

 명성 황후는 어떻게 생겼을까? 지금까지 명성 황후라고 알려져 온 사진의 주인공은 명성 황후가 아니고 어느 궁녀이며, 1910년 샌프란시스코에서 발간된 이승만의 책 《독립정신》에 실린 한복 차림의 여인이 진짜 명성 황후라는 주장이 있어. 그러나 어느 것이 진짜 명성 황후인지는 아직 알 수 없단 다. 명성 황후의 사진 한 장 제대로 남아 있지 않은 지금, 우리는 명성 황후를 직접 만났던 사람들의 입을 통해 그 모습을 상상해 보는 수밖에 없어.

개화파의 중심 인물로 철종의 사위였던 박영효는 이렇게 말했어.

"키는 별로 크지 않으나 조선 부인치고는 작지 않았다. 살은 찌지 않았고 오히려 날씬한 편이며 얼굴도 갸름하였다. 눈은 가늘고 눈끝이 위로 치솟아 언뜻 보기에 부드러운 인상은 아니지만 그렇다고 험한 얼굴은 아니다. 조선 부인치고는 표정이 풍부하며 예쁜 축에 들었다. 그리고 이마의 옆쪽에 한 치 정도의 종기 흉터가 있는 것으로 기억된다."

또, 을미사변 직전에 조선을 방문하여 고종과 명성 황후를 네 번

누가 진짜 명성 황후일까?
❶ 1990년대 초, 중고등학교 《국사》 교과서에 실렸던 사진.
❷ 이승만이 청년 시절에 쓴 《독립정신》에 실려 있는 사진.
❸ 청일 전쟁 때 중국 특파원이었던 프랑스 기자가 펴낸 책 《라 꼬레》의 표지.
❹ 영국인 수집가 테리 베넷이 2006년에 '시해된 왕비'라며 공개한 사진.
지금까지 ❶이 명성 황후라고 알려져 왔지만, 이는 명성 황후가 아니라 어느 궁녀라고 생각돼. 명성 황후의 얼굴을 정확히 아는 사람은 아무도 없어.

이나 만난 영국인 지리학자 비숍은 이렇게 말했어.

"왕비는 마흔 살을 넘긴 듯했고 퍽 우아한 자태에 늘씬한 여성이었다. 머리카락은 반짝반짝 윤이 나는 칠흑 같은 흑발이었고, 피부는 너무도 투명하여 꼭 진줏빛 가루를 뿌린 듯했다. 눈빛은 차갑고 날카로우며 예지가 빛나는 표정이었다. 너무도 아름답고 풍성하며 주름이 많이 잡힌 남빛의 긴 치마를 입고 있었다. …… 대화가 시작되면, 특히 대화의 내용에 흥미를 갖게 되면 왕비의 얼굴은 눈부신 지성미로 빛났다……."

자, 명성 황후는 어떻게 생겼을까? 이 사람들의 말을 참고하여 세운이도 한번 상상해 보려무나.

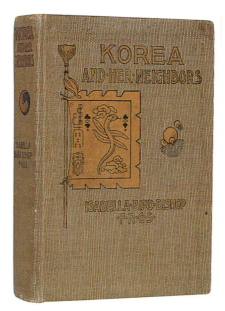

이사벨라 비숍의 조선 여행

영국의 여성 지리학자 이사벨라 비숍이 1894년부터 5년 동안 조선을 여행한 다음 쓴 여행기란다. 이 기간 중에 비숍은 배를 타고 한 달 동안 한강을 거슬러 올라가면서 주변 지역을 관찰하고, 조랑말을 타고 이곳저곳을 다니기도 했어. 당시 조선을 여행하고 여행기를 쓴 외국인들이 여럿 있지만 그중 비숍의 여행기가 가장 객관적이면서 자세하단다. 우리말로는 《한국과 그 이웃 나라들》이라는 제목으로 번역되어 있는데, 참 재미있어.

명성 황후는 고종의 후원자요 지지자

명성 황후는 1851년에 태어났어. 그의 집안은 태종의 왕비 원경 왕후, 숙종의 왕비 인현 왕후를 낳은 명문이었지. 아버지는 별로 높은 벼슬을 하지 못했지만 할아버지는 종2품 이조 참판을 지냈어.

명성 황후의 어린 시절에 대해서는 거의 알려져 있지 않아. 흔히들 명성 황후가 어렸을 때 부모를 모두 여의고 고아가 되어 한양 친척 집에 얹혀 살았으며, 외로운 고아 소녀였기 때문에 흥선 대원군이 그를 왕비로 간택했다고 알고 있어. 그런데 이것은 잘못 알려

명성 황후가 살았던 감고당
여덟 살 무렵 여주를 떠나 한양에 올라온 명성 황후가 왕비로 간택될 때까지 살았던 집이야. 숙종의 왕비 인현 왕후가 살았던 집이기도 해. 서울 안국동에 있던 것을 최근에 경기도 여주의 명성 황후 생가 옆에 새로 지어 놓았어.

진 거란다.

 명성 황후는 고아도 아니었고, 친척집에 얹혀 산 것도 아니었어. 명성 황후의 아버지는 명성 황후가 여덟 살 무렵에 죽었지만, 어머니는 명성 황후가 왕비가 된 지 10년쯤 뒤인 1874년에야 죽었단다. 그리고 아버지가 죽고 나서 명성 황후가 어머니와 살았던 집은 예전에 인현 왕후가 살던 집이었어. 그러니 외로운 고아였기 때문에 흥선 대원군이 그를 며느리로 점찍었다는 얘기도 사실이 아니라고 생각되는구나.

 고종은 왕이 된 지 10년 만에 흥선 대원군을 밀어내고 직접 나라를 다스리기 시작했어. 그러면서 명성 황후의 친척들을 중요한 직책에 두루 앉혔지. 자신을 따르며 지지해 줄 새로운 인물들이 필요했기 때문이야. 그 후 을미사변이 일어나기까지 약 20년 동안 민씨들은 중요한 직책을 두루 차지했단다. 민씨들의 꼭대기에는 명성 황후가 앉아 있었어. 고종의 가장 든든한 지지자는 바로 왕비, 명성 황후였던 거야.

❗ 명성 황후가 직접 쓴 한글 편지

명성 황후는 친척들에게 편지를 자주 썼어. 그 중에서 시해당하기 약 1년 전인 1894년 음력 7월부터 9월까지 친척 민응식과 그 아들 민병승에게 보낸 편지를 보자.

민응식은 임오군란 때 궁지에 몰린 명성 황후를 장호원에 있는 자기 집으로 피신시켜 구해 주었던 사람인데, 그가 귀양을 가게 되자 명성 황후가 편지로 위로와 안부를 전한 거야. 한 대목을 읽어 볼까? 요즘은 잘 쓰지 않는 말이 많이 섞여 있단다.

명성 황후가 쓴 한글 편지 명성 황후가 조카 민영소에게 보낸 편지야. 왼쪽의 연분홍 봉투에는 나비 두 마리가 그려져 있구나.

"총총 긴 사연 못 하고 지난 일은 너무 망극, 어찌 다 말하랴. 네 어른(민응식)은 너무도 불상, 못 잊히며 네 안부를 몰라 일념 경경(마음이 편치 않음)터니 무탈한 일 기쁘나 고생이 만단 일일 차마 불상, 생각하면 뼈가 저리고 앞이 막힌다. 여기는 상감마마 우려(근심 걱정) 중 제절 깨끗지 못하시고 동궁 마마께오서도 설후로 깨끗지 못하시니 동동하다. 나는 화담(열병의 한 종류), 천기(천식)와 울화로 못 견디겠다……."

명성 황후 생가
명성 황후가 태어나 어린 시절을 보낸 집이란다. 경기도 여주에 있어. 원래의 집은 동학 농민 운동 때 농민군에 의해 불타 없어졌고, 지금 서 있는 집은 1995년에 다시 지은 거야. 명성황후는 이곳에서 살다가 여덟 살 무렵에 한양으로 갔어.

명성 황후에 대한 역사적 평가

명성 황후에 대한 나쁜 평은 일본 역사학자들에 의해 이루어진 것이라 과장된 점이 많아. 그렇다고 명성 황후를 무조건 훌륭하게 묘사하는 것도 잘못이 아닐까 싶구나. 명성 황후에 대한 평가는 그가 정치에 영향을 미친 20여 년 동안 실시된 정책과 그 결과를 바탕으로 공정하게 이루어져야 하지 않을까? 명성 황후가 정치에 영향을 미친 1873년부터 1895년까지는 우리 역사에서 참으로 중요한 때였어. 밀려드는 서양 세력들, 뿌리부터 흔들리는 조선 왕조, 새로운 변화를 요구하는 움직임 등이 얽히고설키면서 임오군란, 갑신정변, 동학 농민 운동 같은 사건들이 일어났지. 그 중요한 시기에 흥선 대원군의 정책이 '쇄국'이었던 반면,

명성 황후의 정책은 '개방'이었어.

당시 개항을 한 조선의 과제는 자주적으로 근대화를 이루는 일이었어. 외국의 앞선 문물을 받아들여 나라의 힘을 기르고 산업을 발달시키는 동시에, 낡은 제도를 허물고 새로운 질서를 세워야 했어.

그런데 명성 황후와 민씨들은 어느 것 하나 충실히 해내지 못했단다. 그 결과 어느 세력의 지지도 받지 못했어. 개화를 반대하며 임오군란을 일으킨 군인들은 명성 황후를 표적으로 삼았고, 갑신정변을 일으킨 개화파도, 동학 농민 운동 때의 농민군도 모두 명성 황후와 민씨 타도를 외쳤어. 어느 누구의 지지도 받지 못한 명성 황후는 처음에는 청나라에, 다음은 러시아에 의지했어.

명성 황후는 분명 뛰어난 인물이었어. 그러나 명성 황후의 관심은 조선의 '자주적 근대화'나, 백성들의 소망과는 상당한 거리가 있었어. 그의 관심은 왕실과 자신을 지키는 일이었지. 그것이 곧 나라를 지키는 일이라고 믿었는지는 모르지만 말이다. 명성 황후에 대한 엄마의 역사적 평가는 여기까지야. 세운이의 평가는 어떤지 궁금하구나.

명성 황후 탄강 구리비
명성 황후가 태어난 옛 집터를 알리는 기념비야. '탄강'은 왕이나 성인이 태어났음을 뜻하고, '구리'는 옛 마을이라는 뜻이지. 1905년에 세운 이 비석 뒷면에는 아들 순종이 직접 썼다는 글씨가 새겨져 있어.

대한제국의 성립

원구단과 황궁우 고종은 원구단을 세우고 그곳에서 대한제국 황제 즉위식을 열었어. 원구단은 황제의 상징이란다. 황제가 아닌 왕은 원구단에서 제사를 지낼 수 없었거든. 1900년대 초에 찍은 사진이야.

명성 황후가 시해당한 뒤, 러시아 공사관으로 피신한 고종은 좀처럼 궁궐로 돌아올 생각을 하지 않았어. 어서 돌아오라는 신하들의 상소가 빗발치자, 마지못한 듯 약 1년 만인 1897년 2월에 경운궁으로 돌아왔어.

그해 10월, 고종은 나라 이름을 조선에서 '대한'으로 바꾸고 황제 즉위식을 가졌단다. 그리고 새 나라 '대한'은 청나라의 속국이 아니라 자주 독립국이며, 청나라와 동등하게 황제가 다스리는 '제국'이라고 선포했어. 연호도 청나라의 연호를 빌려 쓰지 않고, '광무'라는 새 연호를 썼지. 지금의 헌법에 해당하는 '대한국 국제'도 발표했어. '대한국 국제' 제1조는 이렇게 되어 있어.
"대한국은 세계 만국에 공인되어 온바 자주 독립한 제국이니라."

황제가 된 고종은 그 위엄을 드러내기 위해 애를 썼어. 일본인들에게 비참하게 죽은 왕비를 '황후'로 추대하여 성대한 장례식을 치르고, 조상들의 무덤과 제단을 새로 단장했어. 황제의 나라는 한 개의 수도만으로는 안 된다면서 서경(지금의 평양)에 제2의 수도를 건설했단다.

또 '구본신참'으로 개혁을 하겠다고 선언했어. 구본신참이란 '옛것을 근본으로 하고 새것을 참조한다'는 뜻이야. 그에 따라 전국에 토지 조사 사업을 실시하고, 산업 발전을 위해 실업학교를 세우기도 했지.

대한제국은 1897년에 출발하여 한일 병합 조약으로 일본의 식민지가 된 1910년까지 13년 동안 존재했어. 그 13년은 아마도 우리가 자주적인 근대 국가를 세울 수 있는 마지막 기회였을 거야. 그러나 안타깝게도 대한제국은 일본의 침략을 막아 내지 못했단다.

황궁우 대한제국이 황제의 나라임을 상징하는 원구단에 속한 건물이야. 위패를 모셔 놓은 곳이지. 지금은 황궁우만 남아 있고, 원구단 자리에는 조선 호텔이 들어서 있어. 서울 중구 소공동에 있어.

석고 고종의 즉위 40주년을 기념하여 1902년에 세운 돌로 만든 북이야. 몸통에 새긴 용무늬가 아주 멋있단다. 황궁우 앞에 있어.

개항 후 달라진 생활

1898년

전차는 등장하자마자 최고의 인기를 누렸어.
이 신기한 것을 타 보려고 시골에서 일부러 올라온 사람도 있고,
한번 타면 내리지 않고 종점과 종점을 몇 번씩 왔다 갔다 하는 사람도 있었어.
심지어 하던 일을 내팽개치고 전차만 타다가 재산을 모두 날린 사람까지 있었다는구나.

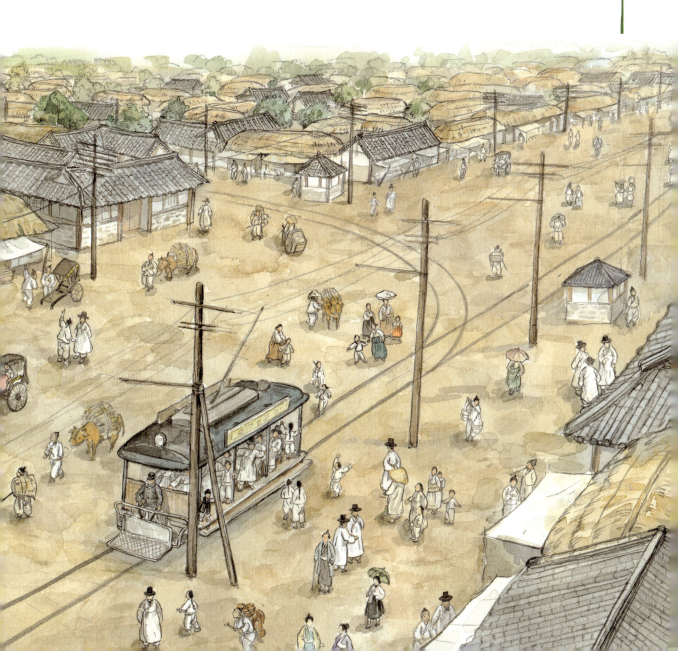

1864년
조선 시대
동학 교주 최제우 처형됨

1871년
신미양요 일어남
(미군이 강화도 침략)

1876년
일본과 강화도 조약 맺음

1884년
개화파, 갑신정변 일으킴
(3일 천하)

"휴대 전화 없을 땐 도대체 어떻게 살았니?"

"이젠 없으면 못살 것 같애!"

처음 갖게 된 휴대 전화를 잠자리에서도 손에서 놓지 않는 세운이를 보며

엄마는 문득 생각했어. 새로운 것, 신기한 것에 끌리는 마음은

지금이나 옛날이나 마찬가지일 거라고.

백 년 전 사람들도 아마 세운이처럼

새롭고 신기한 물건에 마음을 흠뻑 빼앗겼을 거라고 말야.

지금부터 약 백 년 전, 우리나라에는 처음 보는 신기한 물건들이 쏟아져 들어왔어.

외국과 통상 조약을 맺은 뒤, 외국의 상품들이 줄 이어 들어온 거야.

그러자 옛날부터 사용해 오던 익숙한 물건들이 사라지고,

새로 들어온 물건들이 그 자리를 차지하게 되었어.

촛불은 석유 등잔으로 바뀌고, 부싯돌은 성냥으로 바뀌었지.

서양에서 들어온 '크림'이라는 화장품은

'구리무'라고 불리면서 아낙들의 넋을 빼앗았어.

개항 후, 사람들의 생활은 놀랍게 달라졌어.

자, 이제 백 년 전, 그 변화의 현장으로 가 보자.

1894년
동학 농민 운동 일어남

1895년
을미사변 일어남
(일본 자객이 명성황후 시해)

1898년
대한제국
최초로 전차 개통
(서대문-종로-홍릉)

● 개항 후 가장 눈에 띄는 생활의 변화는 뭐니 뭐니 해도 전기였어. 요즘이야 우리 일상생활에서 전기가 너무나도 광범위하게 쓰이고 있기 때문에 그 소중함을 잊어버리고 있지만, 당시 사람들에게 전기는 신기하다 못해 까무러칠 정도로 놀라운 것이었어.

최초의 전깃불
1887년 3월 6일 경복궁에서 우리나라 최초로 전깃불이 켜졌단다. 구경을 하려고 모인 신하들과 궁녀들은 깜짝 놀라 어쩔 줄 몰라 했어. 전깃불을 처음 본 느낌이 어땠을까? 한번 상상해 보렴.

해가 떨어지면 당연히 촛불이나 등잔불을 켜야 하는 것으로만 알았던 사람들에게 전깃불은 눈부시게 환한 밤을 선물했어. 뿐만 아니라 전기를 이용한 전차, 전화도 정말 신기한 물건이었단다.

전깃불과 전차, 그리고 전화

전깃불이 처음 켜진 건 언제였을까? 그것은 개항 후 약 10년 뒤인 1887년이었어. 장소는 경복궁. 고종과 명성 황후의 침전 근처에 전등을 달아 놓고, 경복궁의 향원정 연못에서 물을 끌어올려 발전기를 돌려서 불을 켰단다.

그런데 이 전깃불은 성능이 별로 좋질 않았나 봐. 자꾸 꺼졌다 켜졌다 하는 바람에 '건달불'이라는 별명이 붙었어. 고종과 명성 황후는 건달불을 켜 놓고 밤새 놀이를 벌였다고 해. 하지만 발전기를 돌리느라고 향원정 연못물이 뜨거워져서 물고기들이 떼죽음을 당했단다. 고종은 할 수 없이 건달불을 치우게 했어. 그러나 3년 뒤인 1890년에는 서울 종로 거리를 전깃불이 환히 밝히게 되었단다.

전깃불 못지않게 신기했던 것이 전차였어. 세운이는 텔레비전 드라마에서 전차를 본 적 있을 거야. 전차는 지금의 지하철처럼 전기의 힘으로 달리는 차인데, 지하철과는 달리 땅 위로 다녔어. 물론 지하철보다 훨씬 느렸지. 전차는 1970년 무렵에 사라져서 지금

향원정 연못
경복궁에 있는 연못이야. 아담한 모습의 정자가 향원정이지. 최초의 전깃불은 이 연못물을 끌어다 발전기를 돌려서 불을 켰단다. 물을 이용하여 켠 불이라 해서 '물불', 또는 묘한 불이란 뜻으로 '묘화'라고 불렀어.

은 볼 수 없어. 그러나 엄마는 어린 시절, '땡땡' 종소리를 울리며 오가던 전차를 지금도 기억하고 있단다.

전차는 등장하자마자 최고의 인기를 누렸어. 이 신기한 것을 타 보려고 시골에서 일부러 올라온 사람도 있고, 한번 타면 내리지 않고 종점과 종점을 몇 번씩 왔다 갔다 하는 사람도 있었어. 심지어 하던 일을 내팽개치고 전차만 타다가 재산을 모두 날린 사람까지 있었다는구나.

그런데 전차가 등장한 지 일주일쯤 되었을 때, 전차에 어린아이가 치어 목숨을 잃는 사고가 일어났어. 최초의 교통 사고였지. 탈것이라곤 가마나 인력거가 고작이던 그때, 전차는 그 어느 탈것보다도 빨리 달렸거든. 사고를 낸 전차 운전수는 일본인이었는데, 쓰러진 어린아이를 내버려 두고 그냥 가 버렸단다. 요즘 말로 뺑소니를 친 거야. 사고를 목격한 사람들은 흥분해서 전차를 불태우고, 전기 회사로 몰려가 거센 항의를 했단다.

당시 전차를 달가워하지 않는 사람도 많았어. 전차에게 손님을 빼앗겨 수입이 줄어든 인력거꾼들은 전차를 싫어했어. 이들은 일부러 전차가 다니는 것을 방해하기도 했단다. 또, '전깃줄이 비를 오지 않게 한다', '발전소를 용 허리에 해당하

한미 전기 주식회사
1898년 1월 서울의 동대문 근처에 들어선 우리나라 최초의 전기 회사야. 처음 이름은 한성 전기 회사. 나중에 한미 전기 주식회사로 바뀌었고, 지금은 한국전력공사가 되어 있지.

전차를 탄 사람들
전차는 1898년 5월에 처음으로 개통되었어. '서대문-종로-홍릉'을 오가는 전차였지. 고종은 이 전차를 타고 일본 자객에게 시해 당해 홍릉에 묻힌 명성 황후를 찾아가곤 했단다. 1899년에는 '용산-남대문-종로' 노선이 개통되었고, 1900년에는 '남대문-서대문' 노선이 개통되었어.

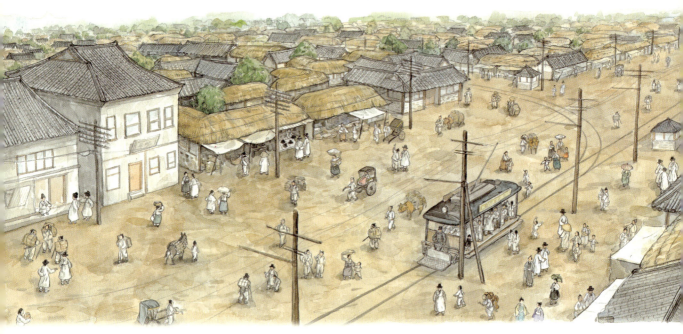

1900년경의 종로 거리
지금부터 약 백 년 전의 서울 종로란다. 전차가 달리고 어린이들은 전차를 보며 마냥 신기해하고 있어. 전차와 경쟁이라도 하는 걸까? 인력거꾼이 손님을 태우고 부지런히 가고 있네. 쓰개치마 대신 양산을 쓰고 나온 여성도 있어.

는 곳에 세웠기 때문에 가뭄이 들었다'고 하면서 전기와 전차를 원망하는 사람도 있었어.

전차가 등장한 지 4개월 뒤에는 최초의 철도가 개통되었어. 인천과 노량진을 잇는 철도였지. 이제 전차보다 더 크고, 더 빠른 기차가 달리게 된 거야. 배를 타고 인천항에 도착한 외국인들은 기차를 타고 노량진까지 와서 서울로 들어왔단다.

육지 교통뿐 아니라 해상 교통에도 큰 변화가 일어났어. 인천의 제물포에서 평양의 대동강 입구까지 일주일에 한 번씩 정기적으로 배가 다니고, 낙동강에도 기선이 오가면서 화물을 실어 나르게 되었어.

그럼, 전화는 언제 들어왔을까? 1902년에 처음 설치되었는데, 시

외용 공중전화였어. 그러나 전화는 오랫동안 환영받지 못했어. 당시 사람들은 기계에 대고 이야기하는 것 자체를 어색해했기 때문이야. '점잖은 체면에 어떻게 전화통을 붙들고 대화를 하느냐?' 또는 '어른을 직접 찾아뵙지 않고 버릇없이 전화로 얘기하다니 예의에 어긋나지 않느냐?' 그런 생각들을 많이 했단다. 어떤 사람은 고장 난 전화기인 줄도 모르고 귀에 댔다가 '찌익찌익' 하는 소리에 놀라 전화통에 귀신이 붙었다면서 아예 전화를 멀리하기도 했어.

그런데 전화가 환영받지 못한 데는 보다 근본적인 이유가 있었어. 그건 당시 생활이 요즘처럼 빠르고 복잡하지 않아서 사람들이 전화를 절실히 필요로 하지 않았다는 사실이란다. 전화가 사람들에게 환영받게 된 건 20~30년이 지난 뒤였어.

인력거꾼과 손님

최초의 철도와 기관차 1899년 9월 18일 인천과 서울 노량진을 잇는 최초의 철도가 개통되었어. 사진은 미국 부룩스 회사의 기관차야.

전화 교환
전화 교환원들이 바삐 일하고 있구나. 1902년의 모습이야.

*斷髮令 끊을 단 / 머리털 발 / 하여금 령

양복, 양옥집, 그리고 커피

옷차림에도 큰 변화가 일어났어. '양복'이 등장했단다. 양복은 말 그대로 '서양 의복'이야. 1년 내내, 어른 아이 할 것 없이 늘 한복만 입던 사람들에게 양복은 신선한 충격이었어.

그런데 양복보다 더 충격을 안겨 준 건 '단발령'이었단다. 단발령이란 '상투를 자르라'는 명령을 말해. 1895년에 '위생에 이롭고 활동하기 편리하다'는 이유로 단발령이 발표되자, 나라 안은 발칵 뒤집혔어. 상투는 결혼한 남자의 상징이요, 유교의 상징이었거든.

고종이 먼저 상투를 잘라 모범을 보였지만, 양반 유생들은 단호히 반대했어. 상투를 자르는 건 오랑캐나 일본을 닮아 가는 짓이라면서 말이다.

"신체와 머리칼은 부모로부터 물려받은 것이니 함부로 자를 수 없다."

마침내 유생들은 의병을 일으켰어. 유생 최익현은 "내 목은 자를 수 있을지언정 머리칼은 자를 수 없다"면서 결사 반대를 했단다. 예상 외로 반대가 매우 심하자, 고종은 단발을 개인의 자유에 맡긴다고 발표했어.

그러나 시간이 흐르면서 단발을 하는 사람들이 조금씩 늘어났어. 단발이 늘어나면서 양복도 따

단발령
1895년 온 국민에게 상투를 자르라는 단발령이 내려졌어. 유생들은 단발령에 반대하여 상소를 올리고 의병을 일으켰단다.

라서 늘어났어. 상투 자른 머리에는 한복보다 양복이 훨씬 잘 어울렸기 때문이야.

집에는 어떤 변화가 일어났을까? 양옥집이란 말 들어 봤니? 서양식 집이란 뜻이야. 서양 선교사들은 한옥을 싼값에 사서 겉은 그대로 두고 집 안은 서양식으로 고쳤단다. 화려한 벽지로 도배를 하고 바닥에는 카펫을 깔았어. 요즘 말로 리모델링을 한 거야. 그러다 집 안팎을 모두 서양식으로 지은 본격적인 양옥집이 등장했지.

최초의 양옥집은 1884년 인천에 들어선 세창양행이라는 회사의 건물이었단다. 지붕에 붉은 기와를 얹은 예쁜 벽돌집이었어. 흥선 대원군의 손자 이준용의 집도 구경거리였단다. 이 집은 실내에 벽난로를 설치하고, 천장에는 화려한 샹들리에를 달고, 창문에는 커튼을 달아 사람들을 놀라게 했어. 양옥집 말고 일본식 집들도 많아졌어. 일본인들이 많이 사는 청계천 남쪽, 이른바 남촌에 일본식 집들이 줄지어 들어섰단다.

서양에서 들어온 음식 중에 인기를 끈 것은 커피였어. 고종은 커피를 매우 좋아했단

최초의 양옥집 세창양행 사택
1884년 인천에 들어선 세창양행 사택은 원래 독일에서 온 직원들의 숙소였어. 둥근 아치와 늘어선 기둥이 아주 멋진 집이었지.

잡화점 광고
신문에 실린 어느 상점의 광고란다. 유행하는 신형 모자, 운동모자, 구두, 안경, 핸드백 등을 선전하고 있구나.

다. 고종은 명성 황후가 일본인들에게 시해당한 후 러시아 공사관에 피신해 있으면서 커피를 마시게 되었다고 해. 지금도 경운궁에 가면 정관헌이라는 서양식 건물이 있어. 요즘의 우아한 카페처럼 생긴 건물인데, 고종은 가끔씩 여기서 커피를 마시며 음악을 듣곤 했단다.

옷차림, 집, 음식뿐 아니라 생활 풍습에도 변화가 일어났어. 눈에 띄게 달라진 건 결혼식 풍습이었단다. 원삼 족두리에 사모 관대를 갖춘 신랑 신부가 신부 집 마당에서 결혼식을 올리는 전통 혼례가 아니라, 교회나 성당에서 올리는 신식 결혼식이 등장한 거야. 이런 신식 결혼식을 '예배당 결혼식'이라고 불렀어. 예배당 결혼식은 기독교가 퍼지면서 자꾸 늘어갔어. 교회, 성당뿐 아니라 절에서도 신식 결혼식을 하게 되었지.

그럼 요즘처럼 결혼식만 전문적으로 하는 결혼 예식장은 언제 생겼을까?

1930년대부터란다. 예복을 빌려 주는 가게, 신부 화장 전문 미장원도 그때 생겨났어.

장례와 제사 풍습 역시 기독교식 장례가 등장하면서 크게 변했어. 부모가 세상을 떠나면 삼년상을 치르고, 4대 조상까지 제사를 드리는 유교식 제사는 차츰 자취를 감추었단다.

신식 결혼식
여성 서양화가로 이름을 날린 나혜석의 결혼식 사진이야. 신랑은 양복을 입고, 신부는 면사포를 쓰고 신식 결혼식을 올리고 있어.

실려 나가는 나라의 보배들

전기, 철도, 해상 교통 등 각 분야의 산업이 발달하는 것은 좋은 일 아니냐고? 그것만으로 보면 좋은 일일지 몰라. 그런데 문제는 그 소유권이 조선에 있지 않고 외국에 있었다는 거야. 그래서 각 산업 분야에서 발생하는 모든 이익은 조선이 아니라 외국으로 넘어가게 되었지.

조선과 통상 조약을 맺은 외국들은 각종 자원과 교통, 통신에서 발생하는 이익을 가져갔단다. 그 결과, 산업 발전에 필요한 자원은 갈수록 말라 가고, 앞선 외국 산업들이 들어오는 바람에 국내 산업은 발전의 싹이 꺾였어. 특히 일본은 가장 많은 이익을 가져갔어. 그래서 〈동아일보〉에는 이런 기사가 실렸단다.

"조선인의 서울인가, 일본인의 서울인가. 문명의 이기인 전화만 보아도 통곡하지 않을 수 없다. 어찌 전화뿐이랴. 조선 내에 있는 철도, 륜선, 탄탄한 대로, 우편, 전신, 이러한 모든 문명의 이기는 그것을 설비하는 비용과 노력은 조선인이 하고 그것을 이용하기는 일본인이 한다. …… 우리는 오늘날 문명의 주인이 아니라 종이다. 조선 사람아, 우리는 이 문명의 주인이 되도록 전력을 다하자. 만일 그렇지 못하거든 차라리 이것을 깨뜨려 버리자."

사람들이 전기와 전화를 쓰고, 구리무를 바르고, 양복을 입으며 개화의 달콤함을 누리는 사이에 전차와 기차, 기선에 실려서 조선의 쌀과 금이 외국으로 속속 빠져나갔어. 조선의 수입품은 주로 사치품이었는 데 비해, 수출품은 쌀, 콩 같은 곡식이었거든.

　일본 상인들은 조선의 쌀을 가져다 비싼 값으로 일본에 팔아 몇 배의 이익을 남겼어. 그런데 조선에서는 오히려 쌀이 부족한 사태가 일어나 쌀값이 하늘 높은 줄 모르고 치솟았어. 덕분에 지주는 부자가 되었지만, 지주의 땅을 빌려 농사짓는 가난한 소작 농민들

❗ 최초의 광고

최초의 광고는 독일계 무역 회사 세창양행의 광고였어. 1886년 2월 22일 〈한성주보〉 4호에 실렸단다. 한문으로 쓴 광고인데, 우리말로 번역하면 이런 뜻이었어.

"저희 세창양행이 조선에서 개업하여 …… 자명종 시계, 뮤직박스, 호박, 유리, 각종 램프, 서양 단추 등을 공정한 가격으로 팔고 있으니, 찾아와 주시기 바랍니다. …… 아이나 노인이 온다 해도 속이지 않을 것입니다."

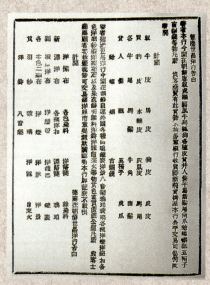

〈한성주보〉에 실린 세창양행 광고

한글 광고는 주로 〈독립신문〉에 실렸어. 〈독립신문〉 창간호에 실린 영어 사전 광고를 볼까?

"《한영자전》《한영문법》; 조선 사람이 영국 말을 배우려면 이 두 책보다 더 긴한 것이 없는지라 …… 영국 말을 자세히 배우려면 이 책이 있어야 할 것이니라. 값은 한영자전 4원, 한영문법 3원. 배재학당 한미화활판소에 와 사라."

은 더욱 가난해졌단다. 왜냐하면 지주들은 소작료로 받은 쌀을 모았다가 쌀값이 오를 때 팔아서 큰돈을 벌었지만, 소작 농민들은 추수하기가 무섭게 쌀을 소작료로 바치고 정작 가족이 먹을 쌀은 비싼 값을 주고 사 먹어야 했기 때문이야. 그래서 소작 농민들의 입에서는 한숨만 나왔어.

"금년 농사가 풍년이긴 한데, 왜놈들이 훑 듯이 쌀을 사 가니 곡식 값은 뛰고 가난한 농민은 더욱 살길이 막막하구나."

이런 사태를 본 유학자 황현은 《매천야록》에서 이렇게 한탄했어.

"심하도다, 우리나라 사람들의 아둔함이여. 대개 나라에 들어오는 물건은 비단, 시계, 물감 따위 기묘하고 기이한 물건에 지나지 않고, 나라에서 나가는 것은 쌀, 콩, 가죽, 금, 은 같은 평상시의 보배다. 이러고서야 나라가 망하지 않을 수 있겠는가?"

인천항 우리나라에서 생산된 쌀이 인천항에 모여드는 장면이야. 이곳에 모인 쌀은 일본으로 실려 갔단다.

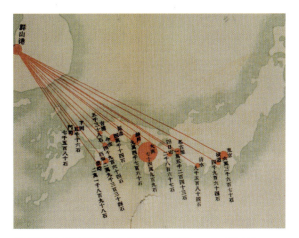

군산항에서 일본으로 실려 간 쌀(1926년) 도쿄로 6만 3천 670석, 오사카로 74만 909석을 비롯해 일본 각지로 실려 갔어.

'양력'은 언제부터 썼을까?

생일이 언제냐고 물을 때, 으레 묻는 질문이 있어.
"양력이니, 음력이니?"
이때 양력은 '태양력'의 준말이야. 음력은 무엇의 준말일까? '태음태양력'의 준말이란다. 우리는 예부터 음력을 사용하여 날짜와 시간을 계산했어. 양력을 쓰기 시작한 건 불과 백 년밖에 되지 않는단다. 조선이 개국한 지 504년 되는 해의 11월 17일을 1896년 1월 1일로 정하고, 이날부터 양력을 쓰기 시작한 거야.

날짜를 '일 월 화 수 목 금 토'의 7일 단위로 끊어 일주일로 하고, 하루를 24시간으로 나눈 것도 양력을 쓴 것과 거의 같은 때였어. 그전에는 하루를 12시간으로 나누었단다. 그리고 일주일을 7일로 나눈다는 생각은 하지도 않았어.

또, 양력을 쓰면서부터 시간을 '1시, 2시……' 이렇게 숫자로 표시하게 되었어. 그전에는 숫자가 아니라 '자(쥐), 축(소), 인(호랑이), 묘(토끼), 진(용), 사(뱀), 오(말), 미(양), 신(원숭이), 유(닭), 술(개), 해(돼지)'의 12지로 시간을 표시했단다. '자시, 묘시, 술시……' 이렇게 말야.

시간뿐 아니라 연도도 12지로 표시했어. '말띠 해, 쥐띠 해, ……' 이렇게 말이지. 말띠 해에 태어난 세운이는 말띠가 되고, 닭띠 해에 태어난 성욱이는 닭띠가 되는 거야.

숫자로 표시하는 시간과 12지로 표시하는 시간에는 분명한 차이가 있어. 숫자로 표시하는 시간은 다만 순서를 나타낼 뿐이지만, 12지로 표시하는 시간에는 나름대로 특징이 있었어. '말띠는 활달하다', '쥐띠는 잘산다' 같은 특징 말이야.

음력 대신 양력을 쓰고, 하루를 12시간이 아니라 24시간으로 나누고, 시간을 12지가 아니라 숫자로 표시하게 되면서 사람들의 시간 관념은 바뀌어 갔단다. 시간에 특징 같은 건 없으며, 시간은 누구에게나 공평한 것이라는 사고방식이 차츰 자리 잡게 되었어.

달력 지금은 세계 거의 모든 나라가 양력을 쓰고 있지만, 예전에는 나라마다 달랐어. 고대 이집트는 양력을 썼고, 수메르와 중국은 음력을 썼어. 우리는 중국의 영향을 받아 삼국 시대부터 음력을 줄곧 쓰다가 1896년부터 양력을 쓰게 되었단다. 사진은 1946년 경상남도 함안의 진문서점에서 발행한 달력이야. −국립민속박물관

찾아보기

ㄱ

갑신정변 190, 193~195
갑오개혁 216
강정일당 096
강화 행궁 165
강화도 조약 173~181
개신교 148~149
개항 177, 241
개화 176
개화파 187~189
거중기 038
견종법(골뿌림법) 053
경모궁 011
《경세유표》 205
경우궁 191, 193
고대수 192
고종 191, 225, 232
공명첩(납속책) 075
관광민인 014
관세 178~179
광무 236
광성보 158~159
광혜원 149
군포 124~125

규장각 019
금난전권 058
김개남 202, 206
김기수 180
김대건 138
김범우 139
김옥균 189, 195
김정호 029, 101~112
김홍집 216
꼭두각시놀음 072

ㄴ

나홍유 106
난전 058
남연군 157
납속책 075
농민 봉기 123, 129

ㄷ

다산 초당 041
다줄레 섬 153
단발령 246
당백전 161
당호 093

《대동여지도》 029, 102~113
대한제국 236
〈도적〉 106
도화서 073
《독립신문》 250
《동경대전》 142
《동국대전도》 104
《동국지도》 105
《동여도》 102, 103
동학 142~147
동학 농민 운동 205, 214
두레 048
등장 121

ㄹ

로즈 제독 156
리델 신부 160

ㅁ

마테오리치 135~136
마패 128
명동 성당 139
명성 황후 175~176, 222~224, 227~235

명창 069
모내기 047~052
《목민심서》 041
《무예도보통지》 024~025
문수 산성 156
《미암일기》 084
미우라 공사 228
민영익 187, 191
민화 073~075

ㅂ

박규수 155, 188
박영효 194
박제가 019, 024, 029
박지원 029, 034~037
《반계수록》 030~034
반친영 093
발탈 072
방안 지도 108
배다리 013, 015, 038
백동수 024
백두대간 104
백산 봉기 202
별기군 196
병인양요 156

병자수호조규 168
보국안민 203
보부상 056
봉산 탈춤 071
부솔호 153
북학 035
북학파 029
비숍 231

ㅅ

사근참 행궁 014
사도 세자 011~012, 015
사물놀이 077
사바틴 221
사학(邪學) 134
《산가요록》 060
산대놀이 072
삼국 간섭 227
3일 천하 193
삼정 124
삼정이정청 129
상품 작물 053
서광범 187
《서유견문》 179
서재필 187, 192, 194

서학 038~040, 138~141
《성호사설》 042
세도 정치 023, 128
소현 세자 136
손화중 202, 205, 206
쇄국 정책 173
수구파 187~189
수신사 180
순조 023
슈펠트 제독 182
시전 058
시집살이 090
시흥 행궁 014
신미양요 157, 159
신사임당 089~091
신유박해 141
신재효 070
신헌 110, 171
실학 029~030
《심청전》 067

ㅇ

안정복 029
알렌 148
애절양 126

양력 252
《양반전》 036~037
양이(서양 오랑캐) 154
어의 060
어재순 158
어재연 158
《열하일기》 030, 035
염계달 070
영남 만인소 182
《영환지략》 189
예배당 결혼식 248
오경석 188~189
5일장 055
옥호루 221, 224
외규장각 164~165
《용담유사》 142
우금치 212
우정국 190, 193
운요호 사건 170
원세개 208
《원행을묘정리의궤》 017
유계춘 119~122
유길준 179, 187
유형원 029~034
유홍기 188
유희춘 083

육의전 058
윤광연 096
《윤지당유고》 095
윤지충 140
을미사변 224
의궤 017, 164, 229
이가환 037
이계열 119~122
이단전 078
이덕무 019, 024, 078
이명윤 119
이모작 048
이벽 137, 139
이수광 135~136
이승훈 136~139
이앙법 047
이양선 154
이응태 086
이익 029, 042~043
인내천 145
1표 2서 041
임오군란 196
임윤지당 093~095

ㅈ

자매문기 129
장돌뱅이 056~059
장안문 015, 021
장용영 019, 023
《정감록》 144, 146
전기수 065
전봉준 201~206, 212~215
전주 화약 209, 211
전차 242~244
전화 244~245
절두산 141
정순 왕후 012, 023
정약용 019, 029, 037~041
정약전 040
정조 011~024
정족산성 156
정한론 175
제국주의 156
제너럴 셔먼호 사건 155
제물포 조약 197
조·미 수호 통상 조약 182~183
《조선어독본》 110~112

《조선책략》 182
조·청 상민 수륙 무역 장정 197
조병갑 201
《지구전후도》 110
지도표 107
지리지 102
지지대 고개(미륵현) 017
직파법 047~048
진경산수화 073
집강소 210

ㅊ

책쾌 066
처가살이 089
척사윤음 140
척화비 159
천도교 147
〈천상열차분야지도〉 165
천주교 135~139
청·일 전쟁 211, 227
최성환 110
최시형 146
최익현 246
최제우 142~145
최한기 101~102

최혜국 대우 183
《춘향전》 066~067, 076
치외법권 178
친영례 090
친정살이 088

ㅌ

탈춤(탈춤) 071~072
태극기 194
태양력 252
통상 조약 141, 154, 160, 172

ㅍ

판소리 068~070
팔달문 015, 021
페루즈 153
페리 제독 174
풍속화 073

ㅎ

한글 소설 066~067
한일 병합 조약 237
항일구국 211

혜경궁 홍씨 012, 014, 022
현륭원(융릉) 014~015, 020
〈혼일강리역대국도지도〉 107
홍경래 130~131
홍대용 029, 036
홍영식 187
홍종우 195
화성 010
《화성성역의궤》 022
〈화성 전도〉 016
화성 행차 011~013, 038
환곡 124
황사영 141
황토재 싸움 207
황현 251
회혼례 083
후천 개벽 사상 145
흥선 대원군 154~163, 175~176, 232

사진과 그림 제공, 출처

사진

| 박물관 |

건국대학교박물관— 이율곡 남매 분재기 087

경희대학교박물관—〈춘향전도〉076

고려대학교박물관— 음식 만드는 모습 061 |《서유견문》179

국립고궁박물관— 배다리 015 |〈봉수당진찬도〉018 | 척경고비 155 | 면 갑옷 158 | 강화도의 군사 기지 169

국립민속박물관— 용두레, 오줌장군 051 | 여러 가지 민화 074 | 나무 기러기와 합환주 090 | 조선 시대의 조운선(복원) 125 | 마패 128 | 달력 253

국립전주박물관— 조규순 영세불망비 202 | 김개남과 손화중 206

국립제주박물관—《영환지략》189

국립중앙박물관— [중박 200808-270] 수세패 124 [중박 200902-80] 쟁기질하는 농민 053 | 벼 베기 127 | 담배 썰기 054 | 김홍도의〈주막〉059 | 여러 종류의《춘향전》-《열녀춘향수절가》066 | 백두대간이 뚜렷한〈동국대전도〉104 |〈혼일강리역대국도지도〉107 |《대동여지도》목판 109 |〈전라도무장현도〉114 |〈천하도〉,〈동대문외마장원전도〉115 | 벼 베기 127 | 척사윤음 140 [중박200903-118] 화성 행차 013 [디지털 자료]〈회혼례도〉083

독립기념관— 척화비 160 |《왕오천축국전》(복제) 165 | 정한론을 논의하는 일본인들 175 | 김옥균과 그의 글씨-글씨 189 | 갑신정변의 주역들 194

동아대학교박물관—〈세시풍속도〉049

삼척시립박물관— 공명첩 075

서울대학교박물관— 책 읽는 여인 067 |〈평양도〉10폭 병풍 중 판소리 장면 68 | 여러 가지 탈 071 |〈월하취적도〉079

서울시립대학교박물관— 김옥균과 그의 글씨-김옥균 189 | 김옥균의 죽음, 홍종우 195 | 이사벨라 비숍의 조선 여행 231

안동대학교박물관— 이응태 아내의 편지 086

전북대학교박물관— 자매문기 129

전쟁기념관— 마패 128

화폐금융박물관— 상평통보와 당백전 161

| 언론사 |

중앙일보— 봉산 탈춤 071

| 단체와 개인 |

경기문화재단— 외규장각 164

국립중앙도서관—〈열하전도〉035 | 여러 종류의《춘향전》-안성판《춘향전》066 | 군산항에서 일본으로 실려 간 쌀 251

국사편찬위원회— 조·미 수호 통상 조약 183

국토지리정보원— 김정호 동상 101

규장각한국학연구원—〈화성전도〉016 |《화성성역의궤》022 |《동여도》103 | 정상기의〈동국지도〉함경북도 부분 105 |《대동여지도》의 지도표 107 | 최한기의〈지구전후도〉110 | 지방 지도 중 통영 지도 113 |〈천하도지도〉114 | 진주 120 | 명성 황후의 장례 행렬 229

다산기념관— 정약용 표준영정 030

도서출판 다운샘,《명성황후 편지글》— 명성 황후가 쓴

한국사 편지
258

한글 편지 233
서울시설공단―청계천에 등장한 전기수 065
성균관대학교 존경각―《정일당유고》096
안산시―이익의 사당과 묘 043
엘지연암문고―수신사 행렬 180 | 인천 제물포에 상륙하는 일본군 211
인천문화재단―일본 개국 174 | 최초의 양옥집 세창양행 사택 247
화봉문고―〈대동여지도〉 112

강성철―지지대 비 017 | 창덕궁 주합루 019 | 화성의 현재 모습―사진 021 | 반계서당 031 | 다산 초당 041 | 신재효 생가 070 | 용담정 143 | 신미순의총 159 | 덕진진 포대 162 | 초지진 170 | 연무당 터 현재 모습 172 | 만석보 유지 비 201 | 고부 관아 터 203 | 전봉준이 살던 집 204 | 선운사 도솔암 마애불 205 | 전주 풍남문 209 | 동학 농민 운동 백주년 기념탑 214 | 옥호루 224 | 향원정 연못 242

김영호―당파, 기창, 등패, 마상편곤―사진 025

노정임―정조 영정 023 | 거중기(모형) 038 | 정약용 생가 039 | 천진암 터 137 | 최초의 신부 김대건 동상 138 | 절두산 순교 박물관 141 | 광혜원 149 | 광성보 포대 158 | 명성 황후 순국 숭모비 226 | 명성 황후가 살았던 감고당 232 | 명성 황후 생가 234 | 명성 황후

탄강 구리비 235
송영달 소장―결혼식 날 신부 092
장지영―목어와 법고 077 | 천도교 중앙대교당 145 | 황궁우, 석고 237
한철호 소장자료―박영효가 타고 간 일본의 배 메이지마루(명치환), 박영효가 만들었다고 추정되는 태극기 194

삽화
이선희―화성의 현재 모습―그림 021 | 토지 제도 개혁을 주장하는 유형원 033 | 모내기 준비 050 | 이웃 마을로 떠나는 장돌뱅이들 057 | 양반집 마당에서 판소리 하는 소리꾼 069 | 유희춘의 《미암일기》―그림 084 | 《대동여지도》를 만드는 김정호 106 | 농민 봉기 122 | 세례 받는 이승훈 136 | 피로 물든 우정국 개국 파티 190 | 황토재 싸움 207 | 집강소 210 | 을미사변 223 | 1900년경의 종로 거리 244

지도
유상현―화성 가는 길 014 | 한양 근처의 5일장 055 | 농민 봉기가 일어난 지역 123 | 조선의 조운 체계 125 | 홍경래의 점령 지역 130 | 동학의 전파 144 | 미국의 강화도 침략 157 | 동학 농민군이 차지한 지역 208

* 도서출판 책과함께는 이 책에 실은 모든 도판과 자료의 출처와 저작권자를 찾아 허락을 받기 위해 최선을 다했습니다. 허가를 받지 못한 일부 도판은 저작권자가 확인되는 대로 사용 허가를 받고 통상의 사용료를 지불하겠습니다.

한국사 편지 4

1판 1쇄 2009년 5월 22일
1판 2쇄 2009년 6월 30일

글 | 박은봉
그림 | 삽화 이선희, 캐릭터 우지현, 지도 유상현

펴낸이 | 류종필
편집 | 노정임
마케팅 | 김연일
경영관리 | 장지영

디자인 | 이석운, 김미연

펴낸곳 | 도서출판 책과함께
주소 | 서울시 마포구 서교동 373-5 동우빌딩 2층
전화 | 02-335-1984 팩스 | 02-335-1316
전자우편 | prpub@hanmail.net
블로그 | blog.naver.com/prpub
등록 | 2003년 4월 3일 제6-654호

이 책의 저작권은 지은이 박은봉과 도서출판 책과함께에 있습니다.
이 책의 내용을 이용하려면 저작권자와 출판사의 동의를 모두 받아야 합니다.

이 도서의 국립중앙도서관 출판시도서목록(CIP)은
e-CIP 홈페이지(http://www.ni.go.kr/ecip)에서 이용하실 수 있습니다. (CIP제어번호 : CIP2009001374)

ISBN 978-89-91221-47-5 74900
ISBN 978-89-91221-43-7 (세트)